Crea tu **PROPIA** RIQUEZA

DESCUBRE EL MUNDO DE LAS INVERSIONES Y APRENDE A GANAR EN LA BOLSA DE VALORES

ALEJANDRO CARDONA

Crea tu Propia Riqueza

Descubre el mundo de las inversiones
y aprende a invertir en la bolsa de valores

ISBN: 978-0-9974199-0-0
Edición Digital ISBN: 978-0-9974199-1-7
Library of Congress Control Number: 9780997419900

Edición: A Grace Group, Corp
Corrección de textos: Pablo E. Cardona
Diseño interior: A Grace Group, Corp
Diseño de portada: Juan Salgado

Publicado en los Estados Unidos de América por: UOPTIONS
Web: www.seminariocreandoriqueza.com
Teléfono : 786 2619 541
Miami, Fl. USA

DEDICATORIA

Dedico este trabajo a Dios por salvar mi vida,
a mi esposa e hijos por creer en mí y acompañarme
en este hermoso camino.
Agradezco a mis padres por darme lo mejor de ellos
y por la oportunidad de estudiar en la academia.

"La mejor inversión es aprender a invertir"
Alejandro Cardona

AGRADECIMIENTOS

Agradezco a las siguientes entidades
por ayudar a la escritura de este libro:

Marketwatch.com, www.freestockcharts.com, finviz.com,
yahoo/finance.com, CBOE, optionslam.com,
www.scottrade.com

Gracias a sus páginas y plataformas puedo compartir
mis técnicas y facilitar este conocimiento al mundo.

INTRODUCCIÓN

Sin duda alguna para mí, el mundo de las inversiones bursátiles es el sector más apasionante en el que he tenido la oportunidad de educarme, investigar, experimentar, ganar, crecer, disfrutar y ahora quiero compartirlo con usted.

Y para que usted logre entender mi pasión y se contagie de ella, observe un primer grupo de empresas que crecieron sin dinero, como Apple, Facebook, Twitter, entre otras, las cuales para empezar únicamente tenían una idea, un producto o un servicio y, se lo repito: no tenían dinero y empezaron a formarse como "empresas de garaje".[1]

Existe un segundo grupo de empresas exitosas, que se dedica a obtener ganancias con el dinero de otros. Ahí están los inversionistas, los fondos de inversión y fondos de retiro, en los cuales las personas comunes hacen aportes e invierten, con la ilusión de lograr a través de dichas empresas una rentabilidad de su dinero, y según ellos, "poder ahorrar para la vejez".

¿Cuál es el propósito de todo este juego de inversión? Es muy sencillo: **comprar barato y vender caro.** También funciona al revés: se puede **vender caro y comprar barato.** Esta doble oportunidad únicamente se puede vivir en el mercado de valores.

¡Es algo maravilloso! Cualquier persona puede hacer dinero tanto en auge, donde la economía crece, o en recesión, donde la economía cae.

---

1 Empresas que funcionan desde una habitación o en espacios muy reducidos.

En este juego de oportunidades, existen tendencias al alza —donde lo más inteligente es comprar— y tendencias a la baja —donde lo más inteligente es vender. Para que lo entienda mejor, en este libro se lo contaré paso a paso.

Hay que tener en cuenta que las empresas necesitan del mercado de valores para pasar a otro nivel. Es decir, es en el mercado de valores donde encuentran el capital necesario para crecer como negocio, llegar a nuevos mercados y ampliar instalaciones; algo que sin dinero no se podría lograr jamás. Mientras que los inversionistas tienen expectativas de que sus negocios van a crecer en el futuro. Por lo tanto, el valor de sus acciones se va a incrementar con el tiempo.

Mi gran propósito al escribir este libro, es **darle a usted herramientas concretas y muy específicas, para que de forma práctica y sencilla alcance el éxito** en el mercado de valores. También, que entienda el manejo de esas herramientas, que una minoría privilegiada utiliza casi en secreto para conseguir mucho dinero.

¿Está listo? Prepárese porque lo llevaré desde lo más simple hasta lo más complejo para que empiece a caminar hacia el progreso económico. El camino no es fácil, pero vale la pena conocerlo. Le aseguro que una vez haya aprendido el camino, usted será diferente al 90% de las personas. Ya no actuará como ellas, entregando su dinero a otros para obtener rentabilidades promedio, sin que usted se entere de lo que realmente sucede en el mundo financiero.

1

EL MERCADO

1. ¿Qué es el mercado?

Algunos autores dicen que el mercado es la suma del miedo y la avaricia de sus participantes. Otros dicen que el mercado es el que permite que oferentes —personas que venden— y demandantes —personas que compran—, se encuentren y puedan a través de sistemas organizados y regulados en línea, comprar y vender activos financieros (bonos, acciones, ETFs, commodities, derivados financieros, monedas, entre otros).

Para mí, el mercado es la forma más segura de comprar, pues los precios son justos al momento de la compra.[1] Es diferente si se quiere comprar un carro, porque puede existir un millón de precios distintos, al mismo momento, para el mismo automóvil.

El mercado es una mina de oro; **solo debe saber cuándo entrar a esa mina y cuándo salir.**

Además, el mercado de inversiones tiene sus participantes: fondos de inversión, compañías de seguros, fondos públicos, fondos privados, gobiernos, bancos, especuladores, personas jurídicas y naturales, entre otros. Aclaro nuevamente que el propósito de estos participantes es hacer más dinero y proteger sus inversiones contra los diferentes riesgos. Las empresas que cotizan en la bolsa son públicas, porque cualquiera puede ser socio de ellas.

2. ¿Cómo puede hacerse socio de una empresa?

¡Comprando acciones! Cuando usted compra una acción, está comprando una pequeña parte de esa empresa, tiene derechos y puede recibir dividendos, eso dependerá del mercado como tal.

---

1 Ese es el precio al que cualquier persona puede comprar en ese momento.

Otros participantes del mercado son los brókers, algunos de los más conocidos son Scottrade y Ameritrade, entre otros. Son importantes porque a través de ellos usted puede comprar acciones, bonos, ETFs (Exchange Trade Funds), monedas y derivados. Es a través de estas instituciones autorizadas que usted puede comprar y vender activos financieros. Le sugiero abrir una cuenta en una de esas entidades; una que preferiblemente tenga un corresponsal permanente en su país. Solo necesitará completar su nombre, dar su número de identificación, dirección, y otros datos personales. Verifique que efectivamente sea una firma comisionista de bolsa autorizada.

Si abre una cuenta en Estados Unidos: confirme para su seguridad que la entidad financiera tenga el aval de la Security Exchange Commision "S.E.C", que puede tener acceso en línea a su cuenta, y no olvide confirmar cuál es la tasa de impuestos para cada actividad. Además, asegúrese que la plataforma sea amigable.[2] La mayoría de esas instituciones permiten, a través de sus plataformas, ver los gráficos de la historia de los precios de las diferentes acciones y cuentan con algunas ayudas que le permitirán tomar decisiones más acertadas.

Con lo anterior, estará listo para comprar acciones a precios de mercado, en línea, a través de un bróker. También podemos ganar al alza o a la baja, tema que ampliaré más adelante. Al comprar una acción nos hacemos socios de esa compañía y podemos disfrutar de los dividendos. Además, en el mercado estamos participando con profesionales, los cuales son una minoría que apenas llega al 5%, pero se llevan el 95% de las utilidades. Esto equivale a decir que el 5% de los participantes se lleva el 95% de las ganancias.

2 Operativamente sencilla de manejar.

3. Ventajas

Estos son los aspectos que hacen que el mercado de valores sea interesante, y que las ventajas que ofrece lo ubiquen por encima de cualquier otra actividad comercial o de servicios:

1. Usted puede comprar y vender desde stocks, bonos, oro, plata, petróleo y commodities, índices que siguen el comportamiento de algún sector a través de los **ETF** (Exchange Trade Funds) y materia prima (commodities), hasta el mercado como tal (S&P 500, Dow Jones, Nasdaq, Rusell 2000), monedas etc. No olvide que éste es un mercado electrónico, donde todo se hace a través del bróker y su plataforma en Internet. Tenga mucho cuidado si alguien le quiere vender acciones en papel o bonos. Llame inmediatamente a la policía local y denúncielo.

2. Recuerde que éste es el mercado que disfrutan unos pocos llamados "millonarios". Los ricos compran en el mercado de valores, acciones y activos que tienden a valorizarse con el tiempo. Mientras que los pobres y la clase media compran en tiendas de barrio y en supermercados.

3. Se puede comprar y vender desde cualquier lugar. Lo único que necesita para hacer este negocio es su cuenta y una computadora con acceso a Internet. La mayoría de personas recorre largas distancias para llegar a su trabajo y poder ganar 7 dólares por hora, los cuales no son $7 dólares[3] completos, pues le tienen que descontar impuestos, aportes, alimentos, peajes y gasolina.

4. En el mercado bursátil, puede lograr ganancias elevadas o mayores que en cualquier otra actividad o profesión. Más adelante le contaré cómo lograr rentabilidades infinitas y otras estrategias. Además, cómo generar ganancias en un mercado al alza o a la baja, algo que merece toda su atención.

---

3 Todos los valores de ejemplo del libro están expresados en dólares americanos.

5. Por ahora, quiero que usted tenga muy claro que a los negocios tradicionales únicamente les va bien cuando el consumo es elevado, y el crédito y la producción están en crecimiento. Por esta razón puedo decir que a casi todos los sectores les va mal en las crisis, mientras que usted puede ser realmente millonario si escoge el instrumento adecuado en el momento correcto. Un ejemplo de esto fueron las crisis que se presentaron en los años 2000 y 2008.

   Según mi criterio, es en el mercado financiero donde se mueven las mayores cantidades de dinero en el mundo.Miles de millones de dólares en transacciones se realizan diariamente. Esto es algo muy importante, porque técnicamente no hay limitaciones de capital. Es un mundo donde existen gigantes que con una orden pueden hacer subir una acción el 5% o el 10% en un día, o en cuestión de horas. Si usted quiere comprar una acción, eso demora lo que usted tarda en colocar la orden, seleccionar la acción y presionar el botón "buy" (comprar).

   Si la quiere vender, simplemente oprime "sell" (vender). Así de rápido y así de sencillo, hay miles de compradores y vendedores, además de los creadores de mercado y fondos financieros, que están listos para comprar su acción (stock) o venderla de igual forma. Sin dudarlo, le aseguro que es el mercado más líquido que he visto y al cual usted está ingresando a través de este libro.

   Normalmente, cuando alguien compra un negocio y después quiere venderlo, no es tarea fácil. De igual forma, si compra una propiedad y luego quiere venderla, tendrá que esperar entre dos meses y hasta años para lograr la venta. Algo muy diferente sucede en el mercado de valores, donde usted puede ingresar y salir cuando quiera. Por ejemplo: usted puede comprar una acción de AAPL (Apple Inc) hoy, y venderla con ganancias hoy mismo o mañana.

También puede conservarla por periodos largos y siempre va a estar ahí con usted, a menos que la compañía quiebre o que por diferentes circunstancias se salga del mercado.

6. Su cuenta es como un negocio, pero sin gastos fijos. Es decir, usted no tiene que pagar mensualidades ni empleados, tampoco servicios públicos, lo cual un negocio tradicional sí debe asumir. Todo lo que necesita es un computador y una conexión a Internet, y ya puede trabajar desde su oficina, que puede funcionar en un Starbucks, un elevador, o en la fila para entrar al cine.

7. Es importante saber que puede utilizar información gratuita en línea. Algunas de las páginas que encuentro más útiles son las siguientes: **marketwatch.com, freestockcharts.com, finviz.com, yahoo/finance.com**. Acerca de ellas hablaré en detalle más adelante, y le diré la forma cómo usted puede usarlas, pues son de gran utilidad, y le repito, ¡son gratis!

8. **Usted puede limitar sus pérdidas.** Esto significa que cada vez que usted compra un activo puede utilizar el "stop loss" (límite de pérdida), que le permite no arriesgar todo el valor de compra. Por el contrario, a través de su bróker, usted puede colocar un límite máximo de riesgo por inversión en su plataforma de trading.

   Por ejemplo, si compró CMG (Chipotle Mexican Grill) a $590, usted puede definir el valor al cual (si su plan no sale bien) podría retirarse. Expliquemos el "stop loss" con un ejemplo. Digamos que esta acción cayó $15 y usted tenía un "stop loss" de $15 dólares, es decir que, cuando el precio de la acción llega a $575 la posición se vende de forma automática a través de su cuenta de bróker, limitando sus pérdidas.

   Las personas que enfrentaron grandes pérdidas, que incluso las llevaron al suicidio, depresión y ruina, cometieron dos errores:

- Colocaron más dinero del que estaban dispuestos a perder en sus cuentas.
- Nunca colocaron stop loss (o límite de pérdida).

9. He mencionado algunas de las ventajas que existen en este negocio, pero definitivamente hay una que se lleva todos los premios. Es el apalancamiento (leverage, en inglés). En su plataforma puede aplicar a "margin", lo cual le permite comprar el doble o triple; incluso cuatro o 10 veces su capital. Esto quiere decir que si abrió su cuenta con $500, usted puede operar con algunas plataformas y brókers hasta $5,000. Así estará utilizando dinero de otras personas (OPM) de forma casi gratuita, ya que las tasas de interés son muy bajas, y usted puede acceder a ellas con este tipo de figuras.

No importa que su crédito sea un desastre, porque el dinero que le prestan para estas operaciones, se encuentra respaldado con el dinero con que abrió su cuenta. Y en la mayoría de casos éste es su límite máximo de pérdida.

Veamos el siguiente ejemplo para entender mejor:

Usted abrió una cuenta con $500 en febrero del 2012 cuando la acción de SPRINT costaba $2,12 dólares por acción. Con $500 solo se podían comprar 230 stocks aproximadamente. Pero vamos a suponer que usted tenía acceso a un apalancamiento de 4/1 es decir, que tenía un poder de compra (buying power) de $2,000. Con esos $2,000 compró 920 acciones y las mantuvo por dos años, hasta que en el 2014 esta acción llegó a costar $11. Supongamos además que usted vendió a ese precio. Entonces, el total de la venta fue $10,120 dólares, menos la comisión total de compra y venta de $14, menos el uso del dinero por ese tiempo, el cual para este ejercicio sería de $50, menos $1,500 que me prestaron, y menos mi capital inicial, la operación se vería así:

Ingreso: 920 x $11;	$10,120
Menos comisiones:	$ 14
Menos costo del dinero:	$ 50
Menos dinero prestado:	$ 1,500
Menos capital inicial:	$ 500
Utilidad de la operación:	$8,056 dólares

En otras palabras, usted hizo $8,056 dólares con $500 en dos años, lo cual no hubiese sido posible si no existiera el apalanca-NJFOUP lOBODJFSP.

Al final de este libro le compartiré cómo usar apalancamiento de hasta de 100 veces, con bajos requerimientos de capital.

2

INVERTIR CON CRITERIO

Ya le conté algunas ventajas, ahora entremos en materia. Voy a utilizar metodologías sencillas que le permitan invertir con criterio y no porque escuchó una noticia, o porque alguien cree que una acción va a subir o va a bajar. Antes, debo mencionar algunos términos utilizados en finanzas, pues aprender de inversiones es como aprender otro idioma. A todos nos pasa, hay palabras y expresiones que al principio no entendemos.

En primer lugar, vamos a utilizar dos tipos de análisis: El **análisis técnico** y el **análisis fundamental**. El análisis técnico se refiere a entender los gráficos en los cuales se ve la historia del precio y del volumen[1] en el tiempo. Gracias a las gráficas podemos determinar si compramos o vendemos, si estamos comprando caro o barato. Podemos ver toda la historia de dicho activo, además de diferentes indicadores diseñados para confirmar si estás haciendo lo correcto o no. Este tipo de análisis permite determinar su nivel de riesgo, lo que significa fijar su "stop loss" o límite de pérdida. También le permite decidir cuándo sacar sus ganancias o vender su inversión. A esto lo llamaremos "toma de utilidades" **(take profit)**. Para el análisis técnico trabajaremos con la página web **www.freestockcharts.com.**

El análisis fundamental se divide en macro y micro. Es macro cuando se ve en general la economía mundial, o de un país, por medio del estudio de los niveles de consumo interno, exportaciones, importaciones, inversión pública y privada, inflación y producción interna bruta. En general, las reglas de juego del país, las cuales deben ser óptimas para el crecimiento sostenido de la producción, el consumo y el empleo.

El análisis fundamental es micro cuando se estudian los números específicos de una compañía. Por ejemplo, en el reporte de TSLA (Tesla Motors) se ven sus indicadores de rentabilidad, ventas,

1 Volumen: cantidad de acciones compradas y vendidas en un periodo de tiempo.

costos, número de empleados, posición en el mercado, si es líder o seguidor, estrategias comerciales, entre otros. Para el análisis fundamental utilizaremos las páginas www.finviz.com y yahoo/finance.com

En la página Marketwatch **(www.marketwatch.com)** podemos ver las bolsas de referencia y los horarios de operación. Además esta página nos dice cuándo las compañías reportan utilidades y otras noticias importantes. Le anticipo que solo con los anuncios de "Earnings" usted podría ganar grandes sumas de dinero. Esto lo explicaré detalladamente más adelante.

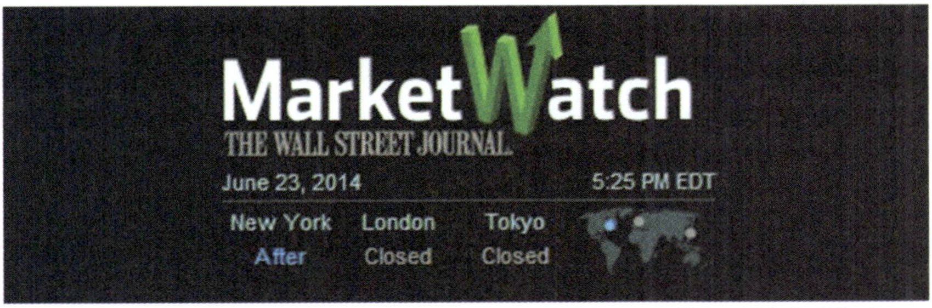

Fuente: MarketWatch.com

Las tres bolsas de referencia que he mencionado son, la de **New York** que es la principal, la de **Londres** y la de **Tokio**. En este libro nos centraremos en la bolsa de New York donde cotizan las empresas más grandes del mundo, y aún es la principal economía. El horario de apertura es a las 9:30 am y cierra a las 4:00 pm.

Como se ve en la imagen, debajo de New York dice After,[2] es decir, horario en el que se realizan operaciones después del cierre del mercado. Asimismo, existen las operaciones Pre-Market. Estas son las que se realizan antes de las 9:30 am, y lo importante es que el factor tiempo es decisivo en estas operaciones de bolsa, en las que se debe tener en cuenta que si no se compra o vende dentro del horario establecido y se enciende el computador después de las 4 pm, el resultado puede ser perjudicial para su bolsillo.

2 Operaciones que se realizan después del cierre del mercado.

La bolsa de New York es de referencia mundial, no significa que junto a la de Londres y Tokio sean las únicas, sino que son las principales. Países como Brasil, México, Perú y Colombia tienen sus propias bolsas de valores y mercado accionario, pero se correlacionan fuertemente con la de New York. Igualmente, la bolsa de Londres es de referencia en todo el mercado europeo, y la de Tokio sirve de referencia a los países asiáticos.

Para empezar a entender el mercado debemos ver sus principales indicadores. Estos son tan importantes que, de ahora en adelante, cuando mencione "el mercado", me estaré refiriendo a estos indicadores:

U.S. EUROPE ASIA FX RATES FUTURES

	PRICE	CHG	%CHG
Dow	16,937	-10	0.06%
Nasdaq	4,369	+1	0.02%
S&P 500	1,963	+0	0.01%
GlobalDow	2,614	-2	0.09%
Gold	1,318	+1	0.11%
Oil	106.07	-0.76	0.71%

Fuente: finviz.com

Está el **Dow Jones**, que es el promedio ponderado de los precios de una canasta de 30 acciones, las cuales son las de mayor tamaño en la actualidad, y que cotizan en la bolsa de New York. Algunas de ellas son:

EMPRESAS QUE COMPONEN EL ÍNDICE DOW JONES

No.	Ticker	Company	Sector	Industry	Cou
1	XOM	Exxon Mobil Corporation	Basic Materials	Major Integrated Oil & Gas	USA
2	MSFT	Microsoft Corporation	Technology	Business Software & Services	USA
3	JNJ	Johnson & Johnson	Healthcare	Drug Manufacturers - Major	USA
4	GE	General Electric Company	Industrial Goods	Diversified Machinery	USA
5	CVX	Chevron Corporation	Basic Materials	Major Integrated Oil & Gas	USA
6	WMT	Wal-Mart Stores Inc.	Services	Discount, Variety Stores	USA
7	JPM	JPMorgan Chase & Co.	Financial	Money Center Banks	USA
8	PG	Procter & Gamble Co.	Consumer Goods	Personal Products	USA
9	VZ	Verizon Communications Inc.	Technology	Telecom Services - Domestic	USA
10	PFE	Pfizer Inc.	Healthcare	Drug Manufacturers - Major	USA
11	IBM	International Business Machines Corp	Technology	Information Technology Services	USA
12	T	AT&T, Inc.	Technology	Telecom Services - Domestic	USA
13	KO	The Coca-Cola Company	Consumer Goods	Beverages - Soft Drinks	USA
14	MRK	Merck & Co. Inc.	Healthcare	Drug Manufacturers - Major	USA
15	INTC	Intel Corporation	Technology	Semiconductor - Broad Line	USA
16	DIS	Walt Disney Co.	Services	Entertainment - Diversified	USA
17	V	Visa, Inc.	Financial	Credit Services	USA
18	CSCO	Cisco Systems, Inc.	Technology	Networking & Communication Devices	USA
19	HD	The Home Depot, Inc.	Services	Home Improvement Stores	USA
20	UTX	United Technologies Corp.	Industrial Goods	Aerospace/Defense Products & Services	USA

Fuente: finviz.com

El **Dow Jones** es un indicador que nos permite ver si el mercado está a la baja o al alza. Por ejemplo, si vemos que el Dow Jones está en el 1% positivo, eso nos indica que en promedio ponderado las 30 empresas que componen ese indicador han subido el 1% ese día. Este indicador, así como el **S&P 500** nos permite ver también la historia de los precios del mercado de valores americano, específicamente del mercado accionario o de renta variable.

GRÁFICO 1 | DÍA (ETF DEL DOW JONES)

Fuente: freestockcharts.com

El **DIA** es un **ETF (Exchange Trade Fund)** que sigue o está correlacionado con el Dow Jones. En otras palabras, tiene el mismo comportamiento gráfico que el índice.

En el Gráfico 1 se puede ver marcada la crisis inmobiliaria de Estados Unidos, en el 2008, y el auge del 2009 a la fecha. A principios del 2009 el valor del ETF fue de 66 dólares, y en la actualidad se encuentra en $168,91 lo que representa 256% en 5 años, aproximadamente.

Algo importante para recordar es que, si quiere comprar un índice o un commoditie (materia prima), necesita comprar un ETF. Es lo mismo que comprar una acción, solo que se llama diferente, ya que para que algo sea una acción, debe tener una empresa detrás que la respalde o emita. Las acciones de Apple se llaman AAPL, mientras que si quiere seguir la tendencia del Dow Jones compras el ETF - "DIA". Si quieres seguir el oro, compras el ETF - "GLD", etc.

En el caso del **GRÁFICO 1**, el inversor que logró esta utilidad con el Dow Jones en el 2009 solo compró en el momento en que todo el mundo estaba saliendo o vendiendo, y se fue con la tendencia ganando dinero en la medida en que subían los precios de dicho activo.

Debemos recordar además que la dirección del mercado es determinada o llevada por los grandes jugadores; inversionistas gigantescos que compran de acuerdo a sus expectativas de la economía. En este caso, lo que podemos concluir del indicador Dow Jones, es que a partir del 2009 ha subido 2.56 veces su valor al 2014, es decir casi se ha triplicado.

> *"Uno de los principios más sabios que he aprendido en este proceso, es que la tendencia es mi amiga, y debo irme a favor de ella, y no en contra."*

Otro indicador que es de vital importancia es el S&P 500, el ETF que se resume como "SPY", del cual mostramos su comportamiento en el GRÁFICO 2.

GRÁFICO 2 | SPY

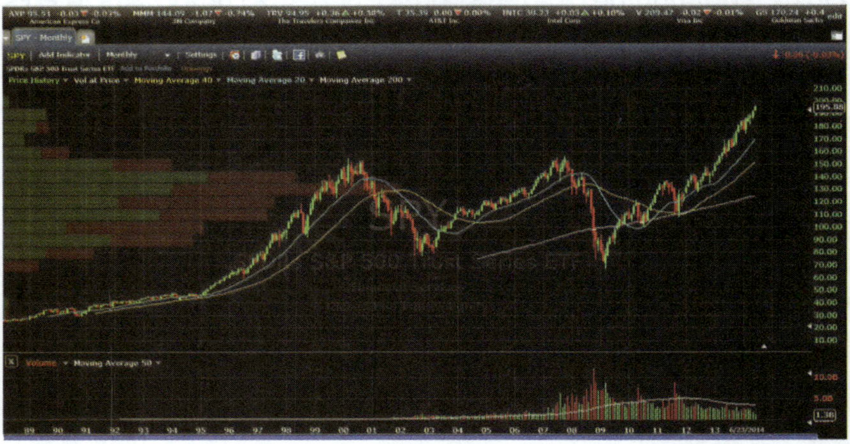

Fuente: freestockcharts.com

Una gráfica es de vital importancia, porque nos permite ver la historia de dicho activo, además nos dice si se encuentra en un nivel óptimo de compra o venta. Como seguramente usted ya tiene la capacidad de concluir al verlo en el gráfico, estamos en una tendencia al alza. Pero si vemos la historia, también estamos a los precios más caros que ha tenido el mercado de valores. Como todos los mercados financieros no suben eternamente (tienen ciclos: subidas y bajadas), por ahora hablaremos que la tendencia es al alza.[3]

Otro principio importante es que la historia se repite, pero el hombre no la recuerda, y lo vemos en el GRÁFICO 2, donde en el 2000 alcanzó un máximo[4] y en 2008, cuando llegó al mismo nivel, los precios se desplomaron. Lo mismo sucedió en 2003 cuando llegó a niveles de precios mínimos, y en 2009 cerca de ese nivel empezó a subir nuevamente. Todo lo anterior lo muestro a continuación:

3 Tendencia al alza: se presenta cuando los precios van en dirección ascendente, alcanzando precios más altos que los anteriores.
4 Máximo: niveles de precio más altos en la historia.

GRÁFICO 3

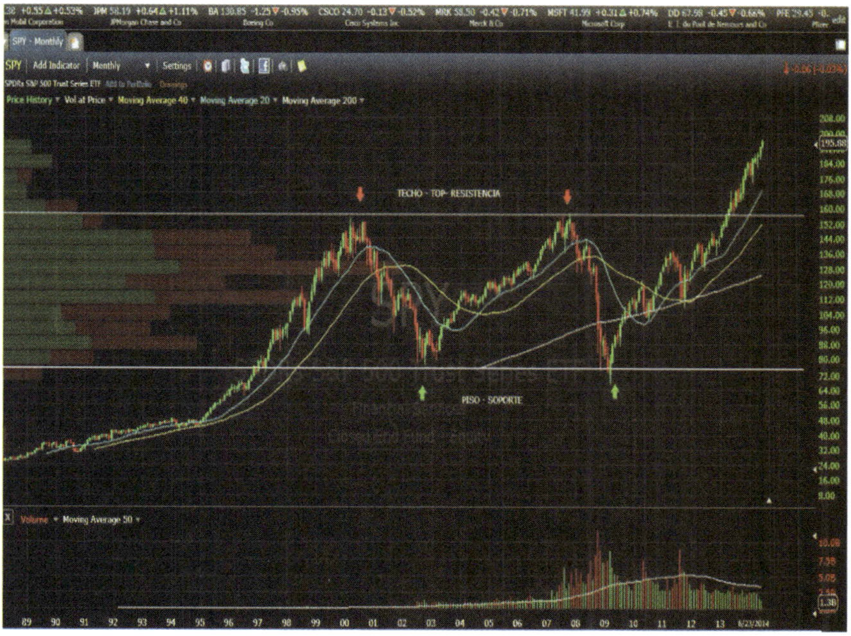

Fuente: freestockcharts.com

El piso, como lo vemos utilizando el mercado, nos indica zonas de compra, y el techo zonas de venta. En 2013 ese techo fue superado por los precios, por lo cual ya no es más un techo sino una nueva referencia de piso.

Hasta aquí debe tener en cuenta que hay una historia. Una historia demostrable que es real. Los gráficos no mienten. Por lo tanto, las inversiones no deben basarse en opiniones de gurús financieros, ni mucho menos de reporteros que nunca han invertido. Las decisiones deben tomarse con la ayuda de gráficos e indicadores que nos ayudarán a lograr rentabilidades superiores con riesgos limitados.

Personalmente creo —y lo he comprobado para mi propia seguridad en muchas oportunidades— que la forma más sensata de predecir el futuro es a través de los gráficos. Los gráficos nos ayudan a saber en qué momento del mercado nos encontramos. Es muy importante entender esa "gran foto del mercado" para conocer si estamos comprando caro o barato los activos en general.

Otra forma de ver el mercado como un todo, es entendiendo y visualizando quiénes lo componen. En este caso, el S&P 500 representa el promedio de las 500 compañías más importantes, las cuales pueden estar inscritas en el NYSE o en el NASDAQ, y son las de mayor capitalización bursátil (Market Cap) que cotizan en el mercado americano, como lo podemos ver en el MAPA 1.

MAPA 1

Gráfico ubicado en www.finviz.com MAPS.

En el **MAPA 1** podemos ver las compañías más grandes de la economía americana, clasificadas por sectores y sub-sectores. Los colores tienen un significado para su lectura en bolsa. El color verde significa crecimientos en los precios o subidas, y el rojo representa bajadas o pérdidas. Como podemos ver en este mapa, el comportamiento de los precios que estas compañías han tenido (por ejemplo, el año corrido entre Junio 2013 y Junio 2014), en promedio presentaron crecimientos del 25% o más.

También podemos ver que la economía se encuentra segmentada por sectores. En este caso, servicios, materiales básicos, financieros, bienes de consumo, salud, bienes industriales y conglomerados.

Encontramos en amarillo los subsectores. Para este caso utilizaré el sector financiero como principal y los subsectores serían: Bancos de inversión, ahorro, crédito, hipotecarios, compañías de seguros y fondos de administración. Tenemos entonces: sectores principales, y además subsectores que van más de manera específica a la actividad de cada compañía.

El tamaño de cada cuadro en el **MAPA 1** es el que encierra y representa a cada compañía. Es el "Market Cap"[5] de la compañía lo que determina el tamaño de la empresa (tamaño del cuadro en el MAPA 1). En ese orden, podemos ver por ejemplo que Microsoft es más grande que IBM y HPQ. Asimismo, AAPL es varias veces más grande que DELL. El tamaño de una compañía podemos saberlo por el valor de su **Market Cap.** Por eso vemos que unas compañías son más grandes que otras. El hecho de que una acción sea menor en precio que otra no significa nada. La forma de comparar el tamaño de una empresa con otra es a través del mapa; específicamente a través del Market Cap.

---

5 Número de acciones en circulación multiplicado por el precio del momento o precio spot.

Otro indicador importante es el **NASDAQ** (National Association of Securities Dealers Automated Quotation). Es la bolsa de valores electrónica y automatizada más grande de los Estados Unidos, con más de 3.800 compañías y corporaciones. Dentro de las bolsas de valores del mundo, es la que tiene más volumen de intercambio por hora, y tiene "en lista" más de 7 mil acciones de pequeña, mediana y gran capitalización. Se caracteriza porque agrupa a las empresas de alta tecnología en electrónica, informática, telecomunicaciones, biotecnología y muchas otras más.

A través de estos dos ETF's (NDX-X y QQQ) veamos en el GRÁFICO 4 un resumen de la historia del comportamiento del NASDAQ:

GRÁFICO 4 | NDX-X

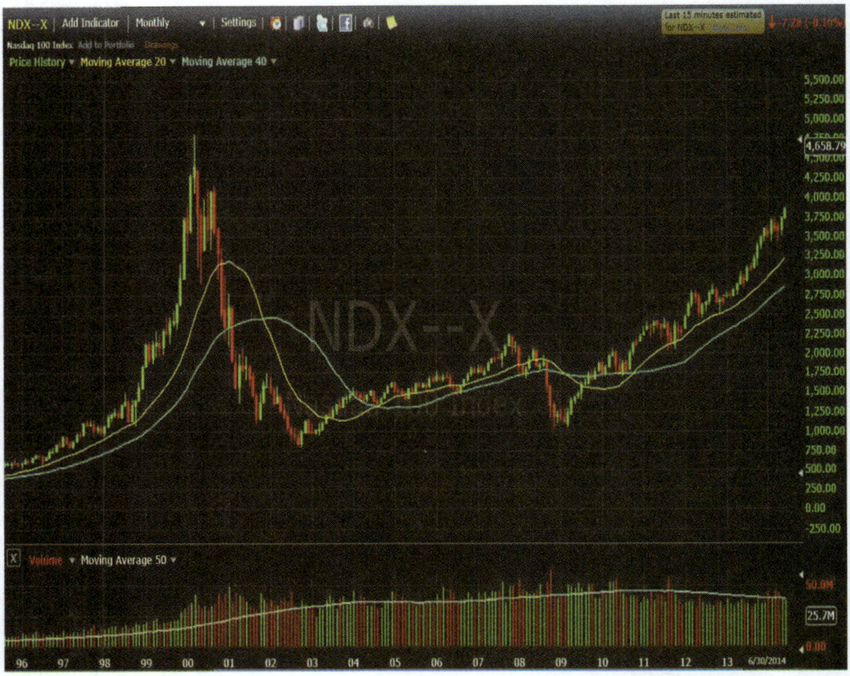

Fuente: freestockcharts.com

Como podemos ver en el gráfico, alguien que compró este ETF correlacionado con el NASDAQ en 2009, pudo obtenerlo por un precio cercano a los $1,000. Pero en junio de 2014 alcanzó un costo de $3,800, lo que significa una utilidad de $2,800 por ETF en 5 años. Es decir, si alguien invirtió $100,000 en este activo en el año 2009, en junio de 2014 obtuvo $380,000 sin utilizar apalancamiento (OPM).

GRÁFICO 5 | QQQ

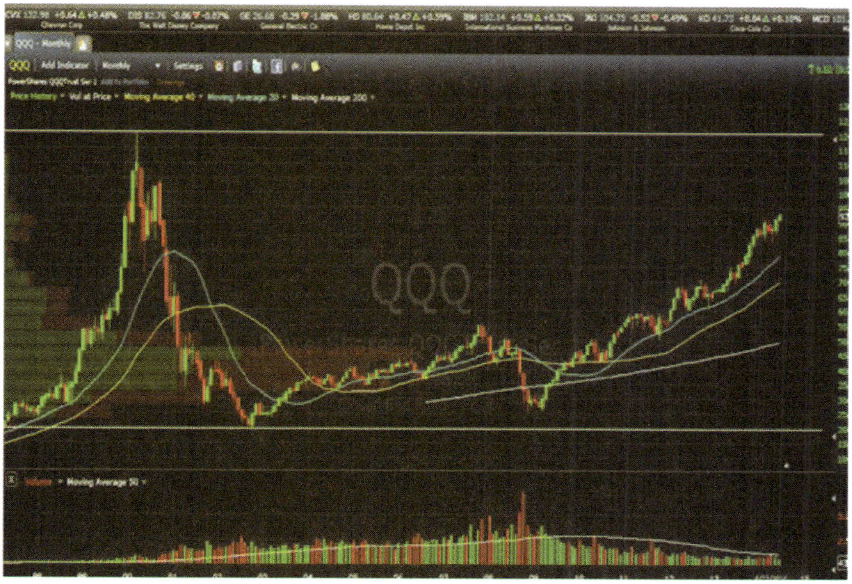

Fuente: freestockcharts.com

En mi caso prefiero operar[6] el NASDAQ con éste ETF (QQQ) del **GRÁFICO 5**, pues tiene el mismo comportamiento con un precio más asequible. Por lo tanto, es más fácil de comprar. ¿Qué es mejor comprar, algo que vale $92 o algo que vale $3800 por unidad?

6 Realizar operaciones de compra y venta.

Este tercer indicador, el NASDAQ, también nos muestra que estamos en un mercado al alza, aunque no es necesariamente el momento más óptimo de compra.

Hemos aprendido que los 3 indicadores más importantes del mercado son **S&P 500, NASDAQ, DOW JONES**, y su historia en el tiempo. Ya entendemos de la tendencia a largo plazo de cada indicador, y algunas de las oportunidades que nos ofrece para incrementar nuestra riqueza, utilizando la tendencia del mercado como tal.

Esto, además demuestra que el dinero puede trabajar para usted, y mucho más duro en mi opinión. Si se da cuenta, de 2009 a la fecha, por estos tres indicadores se han creado nuevos multimillonarios en el mercado de valores, solo por entender la tendencia.

Algo importante para mencionar es que, a partir de este momento, para referirme al S&P 500 utilizaré el ETF **"SPY"**, para el Dow Jones utilizaré el **"DIA"** y para el NASDAQ el ETF **"QQQ"**. Son ETF's que tienen un volumen muy importante, y nos permitirán invertir para obtener utilidades, usando a favor las tendencias del mercado.

3

ANÁLISIS FUNDAMENTAL

El análisis fundamental encontrado en los libros académicos es complejo. Por esta razón, en este libro nos hemos propuesto convertir lo complejo en algo fácil, sencillo y aplicable. **Cuando hablamos de fundamental micro, nos referimos a los números al interior de una compañía.** Vamos a utilizar el caso de Bank of America.

Para realizar el análisis fundamental podemos utilizar un sin- número de indicadores. Sin embargo, para efectos prácticos estudiaremos solo unos cuantos, los cuales me han servido para tomar decisiones de inversión y han sido de gran utilidad.

En la página www.finviz.com donde dice "search ticket" colocas el símbolo o nemotécnico de la acción, por ejemplo Bank of América que está abreviado por la sigla BAC.[1] APPLE está abreviado por AAPL, es decir que cada acción tiene su propia sigla. Para este caso colocaremos BAC y nos va a salir en la parte de arriba una gráfica la cual no utilizaremos por ahora, y en la parte de abajo aparecerán los indicadores y la información que analizaremos.

CUADRO 1

BAC [NYSE]

Bank of America Corporation

Financial | Money Center Banks | USA

financial highlights | state

Index	S&P 500	P/E	20.85	EPS (ttm)	0.75	Insider Own	0.03%	Shs Outstand	10.52B	Perf Week	2.42%
Market Cap	164.46B	Forward P/E	10.31	EPS next Y	1.52	Insider Trans	25.60%	Shs Float	10.50B	Perf Month	6.39%
Income	8.46B	PEG	2.32	EPS next Q	0.31	Inst Own	61.00%	Short Float	0.89%	Perf Quarter	-9.91%
Sales	53.85B	P/S	3.05	EPS this Y	260.00%	Inst Trans	-0.64%	Short Ratio	1.11	Perf Half Y	-0.57%
Book/sh	20.69	P/B	0.76	EPS next Y	65.25%	ROA	0.40%	Target Price	17.19	Perf Year	23.54%
Cash/sh	59.05	P/C	0.26	EPS next 5Y	9.00%	ROE	3.90%	52W Range	12.10 - 18.02	Perf YTD	0.58%
Dividend	0.04	P/FCF	1.90	EPS past 5Y	10.80%	ROI	7.20%	52W High	-13.21%	Beta	1.68
Dividend %	0.26%	Quick Ratio	-	Sales past 5Y	-8.50%	Gross Margin	-	52W Low	29.25%	ATR	0.25
Employees	239000	Current Ratio	-	Sales Q/Q	-8.30%	Oper. Margin	59.10%	RSI (14)	53.46	Volatility	1.61% 1.44%
Optionable	Yes	Debt/Eq	1.17	EPS Q/Q	-150.00%	Profit Margin	15.70%	Rel Volume	0.69	Prev Close	15.45
Shortable	Yes	LT Debt/Eq	1.01	Earnings	Jul 16 BMO	Payout	5.10%	Avg Volume	83.95M	Price	15.64
Recom	2.50	SMA20	1.69%	SMA50	1.91%	SMA200	0.39%	Volume	58,186,480	Change	1.23%

Fuente: finviz.com

1 Sigla que simplifica el nombre de la compañía.

Muy bien, ésta es la información que nos da **www.finviz.com** sobre el stock de BANK OF AMERICA. Recordemos que un stock es un pedazo del total de una compañía, y es específicamente parte del patrimonio en el estado financiero. Por lo tanto, si no hay compañía, no hay stocks (acciones). De igual manera se mencionó que vamos a hablar de compañías públicas que cotizan en mercados de valores organizados como NYSE y NASDAQ. Vamos filtrando poco a poco la información, de tal forma que usted esté en capacidad de escoger una acción de forma correcta, de acuerdo a este análisis.

Observamos que en la primera casilla dice **INDEX** y en el caso de BAC, esta compañía hace parte del **SPY 500**. Antes de continuar, quiero compartirle otro de mis secretos: Si desea escoger una empresa, preferiblemente esta debe formar parte del S&P 500 o del Dow Jones. No le recomiendo hacer inversiones en "penny stocks" o en empresas que no tengan un volumen promedio diario de por lo menos 2 millones de acciones.

En la casilla que sigue está el Market Cap: en el caso de BAC el valor es de 164,46 billones de dólares. Se llega a ese valor tomando el número de acciones en circulación **(shs oustand)** ubicado en la columna de indicadores número 5, en la primera fila, con un valor de 10,52 billones, y se multiplica por el precio del día que es 15,54 para este caso. Entonces el valor es de 164,46 billones.

Vemos además otras variables, como la utilidad neta **(income)** y los ingresos totales (sales), los cuales es importante que tengan un comportamiento creciente de año a año. Estas cifras podemos verlas en formato de estado financiero si hacemos clic en la parte superior derecha del cuadro donde podemos leer: **(financial highlights / statements)**. También podemos encontrar toda la información en **http://finance.yahoo.com/** e ingresamos el símbolo de la compañía.

Resulta mucho más interesante saber que toda la información es gratuita y está al alcance de todos. También podemos encontrar la posición de la empresa en estudio, con el sector como lo muestra el **CUADRO 2**, donde se comparan las cifras de la compañía con el sector del cual hace parte.

http://www.reuters.com/finance/stocks/financialHighlights?symbol=BAC

Vamos a estudiar el **book/share** o valor en libros. Este indicador es importante porque nos muestra cuál es el valor de la compañía en su contabilidad interna. Es decir, cuál es el valor de la acción de acuerdo a los números reales de la compañía. Para el caso de BAC, en el mes de junio, de acuerdo a su último reporte, el valor en libros fue de $ 20,69 por acción, pero la acción en el mercado se cotiza a $15,64. Por lo tanto, a través de éste análisis podemos decir que esta acción está en descuento o sub-valorada, pues en el mercado de valores se cotiza a un precio por debajo de su valor real.

¿Dónde radica la importancia de este indicador?

En diciembre de 2011 la acción de Bank of America llegó a costar $4,92. En ese momento también su book/share decía que el valor era $20 aproximadamente, y en marzo 31 de 2014 BAC llegó a cotizarse a $18. De acuerdo a lo anterior, el precio del mercado se acercó al valor en libros, así que las personas que compraron a tiempo cuando estaba a $4,92 o cerca —como el inversionista Warrent Buffet— triplicaron su fortuna en aproximadamente 2 años.

Otro caso de igual magnitud ocurrió con Sprint. En 2012 llegó a costar $2,5 por acción, y en 2014 llegó a cotizarse a $11. En el momento que la acción estaba a $2,5 su book/share estaba en $6 o $7. Esto nos indica que la acción estaba en promoción y nos deja una lección muy importante:

¡Los ricos buscan las promociones en los mercados de valores!

Continuemos con nuestro análisis fundamental de BAC. Vemos también el valor de los dividendos por acción,[2] el número de empleados de la compañía, y los EPS, que son las ganancias por acción. En el caso de BAC fue de $ 0,75 por stock.

La fecha de earnings es de suma importancia y sugiero que antes de comprar una acción revise muy bien cuál es la fecha de reporte de earnings, pues en esa fecha suele haber cambios bruscos en los precios de las acciones, tanto al alza como a la baja, en un solo día. Para el caso de BAC, el anuncio se hará en Jul 16 BMO que significa (Before Market Open), es decir antes de las 9:30 am de ese día.

En la siguiente columna vemos indicadores de rentabilidad. Algunos de ellos son:

ROA = Return on assets **(Rentabilidad sobre el Activo).**
ROE = Return on equity **(Rentabilidad sobre el patrimonio).**
ROI = Return on investments **(Rentabilidad sobre la inversión).**

Aquí hay algo que a usted lo hará diferente a todos los inversionistas, y es entender que las cifras que estamos analizando no son ni buenas ni malas. Solo lo sabremos si comparamos nuestra empresa con los líderes del sector. Haciendo clic en financial highlights podemos encontrar esta información:

---

2 Suma de dinero reportada de utilidades por cada acción de la empresa en circulación.

CUADRO 2

MANAGEMENT EFFECTIVENESS	Company	Industry	Sector
Return on Assets (TTM)	0.46	3.08	3.26
Return on Assets - 5 Yr. Avg.	0.20	2.72	2.88
Return on Investment (TTM)	--	0.00	0.78
Return on Investment - 5 Yr. Avg.	--	0.01	0.76
Return on Equity (TTM)	3.87	24.55	23.07
Return on Equity - 5 Yr. Avg.	0.70	25.51	23.75

Fuente: http://www.reuters.com/finance/stocks/financialHighlights?symbol=BAC

Aquí podemos encontrar que nuestra compañía BAC, en rentabilidad, está muy por debajo del sector y de la industria. Esto nos confirma que no está dentro de las más competitivas. Situación muy diferente sucede en el caso de AAPL, la cual se encuentra por encima del sector y de la industria en sus indicadores de rentabilidad, tal y como lo muestra el CUADRO 3.

CUADRO 3

MANAGEMENT EFFECTIVENESS	Company	Industry	Sector
Return on Assets (TTM)	18.82	7.13	13.94
Return on Assets - 5 Yr. Avg.	23.65	8.36	12.30
Return on Investment (TTM)	23.42	11.39	19.17
Return on Investment - 5 Yr. Avg.	30.93	13.77	17.28
Return on Equity (TTM)	29.50	14.63	19.30
Return on Equity - 5 Yr. Avg.	36.56	16.56	16.92

Fuente: http://www.reuters.com/finance/stocks/financialHighlights?symbol=AAPL.

En el informe podemos ver los márgenes EBITDA[3] y compararlos con el sector, así como los dividendos y niveles de endeudamiento.

Para completar esta parte, estudiaremos la variable B (Beta), la cual indica la correlación de mi acción con el mercado; en este caso el S&P 500. Debemos entender que si el mercado sube el 1%, la variable Beta me dirá cuánto subiría aproximadamente mi acción. Para saberlo debemos ver el "B" que se encuentra en la penúltima columna del cuadro 1, el valor de B (Beta) es 1,68 es decir que, si el mercado sube el 1%, ésta acción subirá aproximadamente 1,68%.

En la práctica no es exacto, pero se aproxima al valor que indica el Beta en promedio. Este secreto, y otros que compartiré más adelante, son poco conocidos en el mundo financiero.

3 Ganancias antes de impuestos, depreciaciones y amortizaciones

4

ANÁLISIS FUNDAMENTAL AVANZADO

En este capítulo estudiaremos, cómo podemos saber a través del análisis fundamental, si nuestra compañía en estudio es líder en el mercado. Si está por encima o por debajo del promedio del sector y de la industria, en sus indicadores claves de rentabilidad, valor fundamental del stock, ventas, ingresos, entre otros. También nos permitirá saber si la acción está sobrevalorada o subvalorada; es decir, si está barata o cara según los estados financieros de la compañía. Además, podremos ver la historia de los principales indicadores comparando los estados financieros, flujo de caja y balance general, de los diferentes periodos, por lo menos durante los últimos tres años.

Esta información podemos obtenerla en **yahoo/finance.com** o en **finviz.com (financial highlights statements)**.

Es importante saber que el valor de una compañía lo determina su flujo de caja.[1] Pero también debemos saber que el precio que debemos pagar si queremos comprar una acción de cualquier compañía, va a ser el precio al cual se esté cotizando dicha acción en ese momento en el mercado.

Si vemos el caso de AAPL, el book/share es: $19,63 y su precio spot en el mercado es de $90 aproximadamente. De otra forma, si quiere ser socio de AAPL debe pagar $90 por stock, o sea que nadie le va a vender a $19,63 que es lo que dice su valor en libros, sino al valor de mercado.

1 La diferencia entre los ingresos y los gastos en efectivo nos indicará si la compañía es viable financieramente o no.

CUADRO 4

Index	**S&P 500**	P/E	**15.19**	EPS (ttm)
Market Cap	**547.67B**	Forward P/E	**13.21**	EPS next Y
Income	**37.71B**	PEG	**0.99**	EPS next Q
Sales	**176.04B**	P/S	**3.11**	EPS this Y
Book/sh	**19.63**	P/B	**4.63**	EPS next Y
Cash/sh	**6.86**	P/C	**13.24**	EPS next 5Y
Dividend	**1.88**	P/FCF	**15.61**	EPS past 5Y
Dividend %	**2.07%**	Quick Ratio	**1.60**	Sales past 5Y
Employees	**80300**	Current Ratio	**1.60**	Sales Q/Q
Optionable	**Yes**	Debt/Eq	**0.14**	EPS Q/Q

Fuente: f.com

El **CUADRO 4** nos confirma que el indicador P/B tiene un valor de 4,63, cifra que nos ratifica que la acción está sobrevalorada o cara. Si multiplicamos el valor en libros 19,63 x 4,63 nos da que el precio de AAPL, en el mercado de valores es $90,88 el cual corresponde al precio final del día Jun. 23 de 2014.

En **https://www.google.com/finance, http://finance. yahoo.com/, marketwatch.com, y finviz.com** vamos a encontrar toda la información financiera de cada empresa. También podremos saber quiénes son sus dueños mayoritarios, su junta directiva, competidores, estados financieros, estrategias e informes que le permitirán, a quien esté interesado en el tema financiero, profundizar en éste análisis.

La página **www.finviz.com** tiene además herramientas poderosas para filtrar y escoger sus acciones en la sección (screener). Nos da la opción de escoger el país al cual pertenece, el índice, el volumen, los niveles de rentabilidad, el porcentaje de dividendos, el volumen de la acción en promedio, el rango de precios de la acción que usted busca, entre otros factores.

CUADRO 5

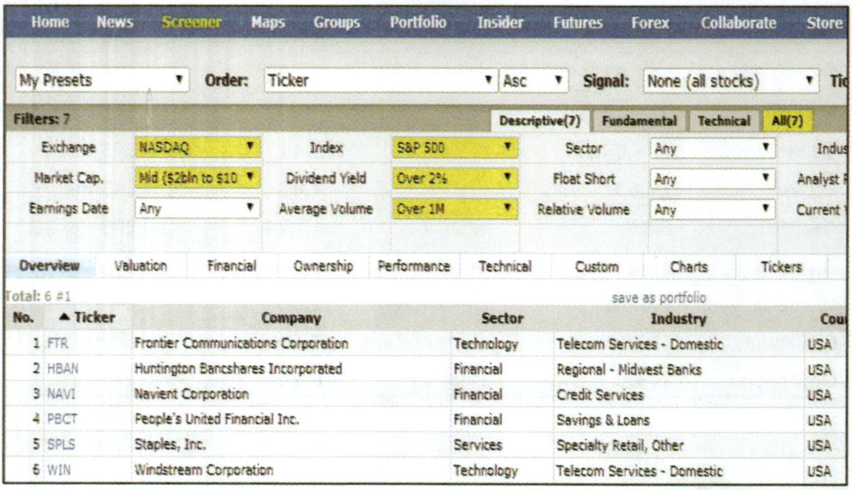

www.finviz.com/screener

Como mencioné anteriormente, nunca compro compañías que estén por fuera del S&P 500. Recuerde además que si compra un ETF como el SPY, es como si estuviera comprando el promedio de las 500 empresas más grandes, lo cual puede ser también una estrategia para usted.

En el próximo capítulo de análisis técnico le mostraré cómo hacer miles de dólares con poco dinero utilizando los tres ETFs que le he mencionado (SPY, DIA y QQQ). Solo utilizando esos tres índices usted estaría en capacidad de hacer más dinero del que se imagina, utilizando además muy poco capital de inversión.

5

ANÁLISIS TÉCNICO

Tanto el **análisis técnico como el fundamental, son importantes para la toma de decisiones.** Pero en el análisis técnico trabajamos basados en la historia, y la historia se basa en hechos documentados. Es un hecho real que NETFLIX llegó a costar $53 a finales del 2012 y ahora vale cerca de $440[1] (Jun 23 de 2014). Esta historia resumida en gráficas, que nos muestra dónde se han encontrado los precios de una acción en el tiempo, es la que vamos a utilizar siempre. Esta nos permitirá tomar decisiones de compra y venta.

También nos ubicará, pues sabremos si estamos en una tendencia al alza **(up-trend)**, a la baja **(down-trend)**, o en una tendencia lateral. La mejor página que he encontrado para esto es **www.freestockcharts.com**. Es una página amigable, totalmente en tiempo real.

En estos análisis usted encontrará un sinnúmero de indicadores, teorías y libros, pero al leer mis secretos, usted recibirá herramientas prácticas y específicas, que le ayudarán a tomar decisiones correctas y hacer dinero en grande.

Al principio de este libro le dije que el primer paso es ver la "big picture", o la foto grande de lo que ha pasado en los últimos 15 o 20 años, en el caso del SPY podemos ver claramente lo que ha ocurrido, y detectamos los techos y pisos que se formaron durante el periodo 1990-2014. Además, nos muestra claramente que estamos en una tendencia al alza. Es como si estuviéramos viendo la tierra desde un satélite; esa es la forma como se ve desde lejos.

Nuestro siguiente paso será acercar la foto. Vamos a tomar desde el año 2009 al 2014, ya que esa es la fecha en que el mercado no bajó más (respetando un soporte técnico) y comenzó la tendencia al alza, como lo demuestra el **GRÁFICO 6**.

---

1 Antes de split

GRÁFICO 6

Fuente: www.freestockcharts

Como se ve en el gráfico, el SPY (S&P 500 ETF) está en una clara tendencia alcista. Tiene una forma de canal, la cual he delimitado con líneas blancas, donde se ven claramente los pisos y los techos. Lo anterior nos permite concluir, basados en la historia, que estamos al alza; además, que durante esta tendencia hay niveles donde los inversionistas compran y otros donde venden. Podemos ver que hay movimientos al alza y a la baja dentro de ese periodo de tiempo, y esto se explica porque cuando los inversionistas tienen ganancias deben vender para materializar sus utilidades, convirtiéndolas en cash o efectivo.

De igual forma, hay niveles donde compran. Esto produce nuevas subidas en los precios, hasta llegar nuevamente al tope de la tendencia, en la cual nos encontramos en este momento.

Esto nos hace concluir que estamos en niveles altos de precios según la historia, y que podríamos tener caídas en los próximos meses a menos que se rompa el techo de la tendencia y lleguemos a niveles de precios más elevados.

El siguiente paso va a ser acercar la foto un poco más, y enseguida pasaremos a revisar algunos conceptos como las velas japonesas, los promedios móviles y el indicador MACD, términos importantes que facilitarán el entendimiento del mercado.

Tomemos la foto ahora del último año y medio, es decir de 2013 a 2014, para perfeccionar nuestra entrada. Esto nos llevará a concluir si es inteligente comprar ahora o si debemos esperar, y a visualizar qué ha pasado en ese periodo de tiempo.

GRÁFICO 7

El **GRÁFICO 7** nos muestra lo que ha ocurrido desde noviembre de 2012 a junio de 2014. Vemos una tendencia al alza, que nos permite definir ciclos más cortos de días y semanas. He señalado con flechas verdes los puntos más acertados de compra. Como puede ver, el mejor momento para comprar es cuando está más abajo, porque es "barato", zonas que se señalaron con las flechas en verde. En cambio, el mejor momento para vender es cuando los precios se acercan a la línea superior del canal.

(Las líneas blancas son dibujadas y se hacen tratando de tocar la mayor cantidad de puntos tanto en la parte inferior como en la superior).

Lo importante es vender cuando se toca la parte de arriba del canal, ya que, si no lo hace, los precios vuelven a caer hasta la parte de abajo. Al ver el gráfico concluimos que existe una tendencia al alza, porque a pesar que sube y baja se mantiene en una dirección ascendente dentro de ese canal.

Quienes han comprado cuando los precios han tocado la parte inferior del canal, y han vendido a su vez cuando toca la parte superior, han obtenido utilidades importantes. Dichas oportunidades de compra se han presentado aproximadamente 7 veces en un periodo de 18 meses. Con lo anterior no quiero decir que ésta es la única forma de ganar dinero, pero sí me parece la forma más segura, y la que mejor me ha funcionado.

En este momento, usted ya tiene la capacidad de entender cuándo es inteligente comprar y cuándo vender con los indicadores más importantes del mundo. Es decir, ¡usted ya está capacitado para hacer dinero!

6

VELAS

Ahora, vamos a entender un poco más de algunos indicadores y variables que usted debe tener en cuenta, con el fin de facilitar la toma de decisiones. En los gráficos en **www.freestockcharts.com** que he mostrado en este libro, usted encuentra unas figuras rectangulares con líneas, en colores verde y rojo. Se llaman "candlesticks" o velas (Figura 1). Ya sabemos que el color verde representa incrementos en el precio en un periodo determinado, y el color rojo las caídas en los precios.

Las velas son importantes porque nos dan señales de compra y venta, también porque nos marcan cuatro precios esenciales: **máximo, mínimo, apertura y cierre**. Recuerde que el mercado abre a las 9:30 am y cierra a las 4:00 pm hora de New York. **Una vela puede representar desde 1 minuto hasta meses o años. Usted puede colocar la unidad de tiempo que desee**. Hasta el momento, hemos utilizado meses y días en todos los gráficos anteriores.

Si asumimos que la unidad de tiempo es un mes, cada vela va a representar un mes diferente, por lo cual el precio de apertura será el del primer día de ese mes a las 9:30 am. El precio de cierre será el precio marcado a las 4:00 pm del último día de ese mes. Durante ese mes hubo un precio máximo y uno mínimo también, pero no fueron necesariamente los precios de apertura y cierre. Solo fueron precios a los cuales se realizaron transacciones durante ese mes. Podemos ver lo anterior en el GRÁFICO 8:

FIGURA 1

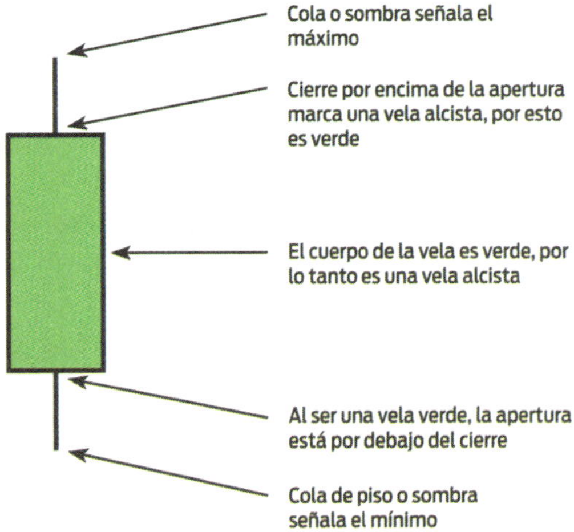

GRÁFICO 8

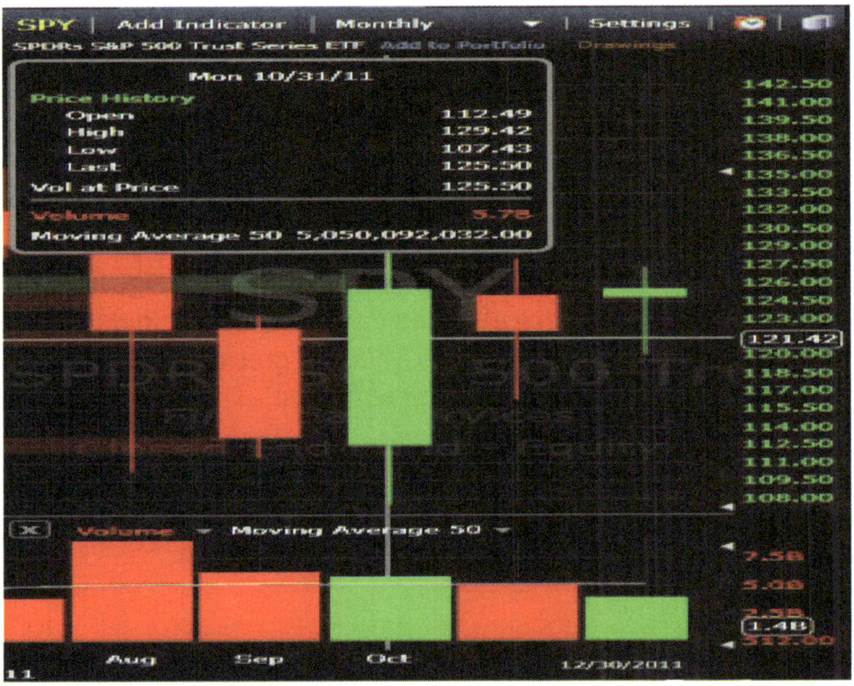

Podemos verlo así: la vela de estudio es la **vela grande verde** que se encuentra después de las dos velas rojas a la izquierda. Esa vela representa el mes de octubre de 2011. Como vemos, la vela tiene dos colas, una arriba y otra abajo. Esas colas marcan los precios máximos y mínimos que se transaron durante ese mes.

El **GRÁFICO 8** nos muestra el precio mínimo transado que fue de 107,43 y el máximo 129,42.

El primer precio de registro durante ese mes fue el open o precio de apertura, en este caso es 112,49. El precio de cierre y último precio registrado ese mes fue de 125,50. Con esos cuatro precios entonces puede dibujar su vela para ese mes. Las colas nuevamente nos van a dar los máximos y los mínimos. Si es una vela verde, el precio de apertura va a estar en la parte inferior del cuerpo de la vela y el precio de cierre en la parte superior, como lo explica la figura 1.

La vela roja representa caídas en el precio, por lo cual la apertura va a estar en la parte superior del cuerpo de la vela y el precio final o de cierre se encontrará en la parte inferior. Como estamos trabajando escalas de precios cartesianas de geometría básica, los máximos estarán en la parte de arriba y los mínimos en la parte de abajo, lo anterior es bueno mencionarlo, porque algunas personas suelen confundirse al dibujar las velas rojas, y lo único que cambian entre una y otra es la posición del precio de apertura y el de cierre. La vela roja se vería de esta forma:

FIGURA 2

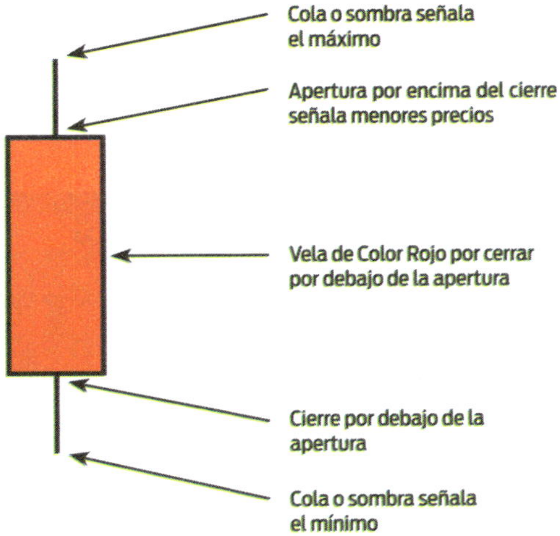

Ahora puede entender por qué los gráficos se construyen a partir de esas velas, y la razón principal es para saber cuáles son los cuatro precios, lo cual resulta de vital importancia a la hora de comprar o vender.

Las velas además nos indican señales de compra y de venta. Más adelante veremos las herramientas que considero de mayor ayuda, pero le puedo decir que este mercado es muy generoso. Nos dice cuándo entrar, salir, y cuándo está a punto de terminar una tendencia en general. Si usted lo sabe leer, puede volverse una persona próspera.

Pero es así, este mercado no tiene límites, no importa dónde se encuentre la persona o cuánto dinero tenga. Si se aprende a entender el mercado puede vivir de esta actividad y bastante bien. Las velas le permiten también saber si estamos comprando de primeros o de últimos. Como mencionaba al principio, los mercados no suben indefinidamente, sino que se mueven en forma de ondas, y así estén en una dirección ascendente, suben y bajan dentro de esa tendencia.

CASO TESLA

Observemos lo que se presenta en los candlesticks o velas, para la compañía TESLA MOTORS:

GRÁFICO 9

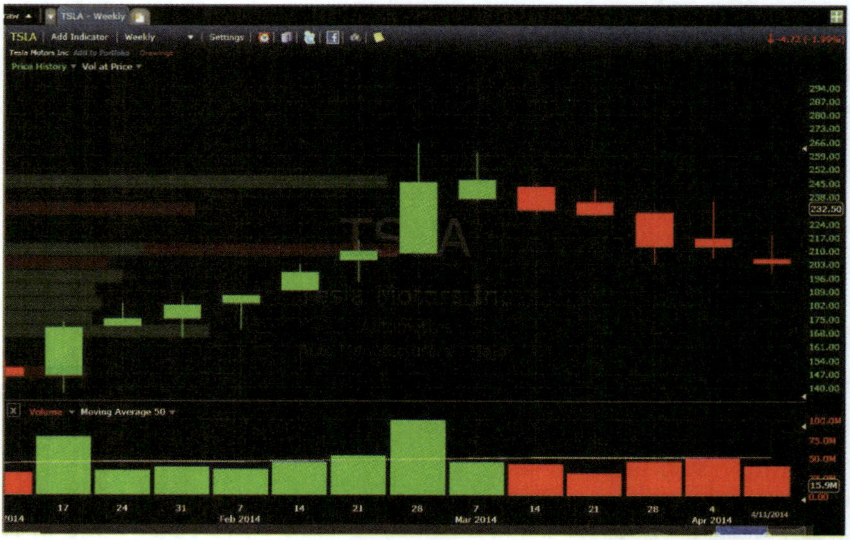

Fuente: www.freestockcharts

En el **GRÁFICO 9** podemos ver las velas, que representan semanas entre los meses de enero y abril de 2014. Como se ve en la gráfica, esta compañía tuvo subidas en los precios durante 8 semanas. Es decir que los que compraron TESLA en la semana número 8 perdieron dinero porque compraron de últimos.

Posteriormente, durante las cinco semanas siguientes, la acción de TESLA Motors tuvo caídas en los precios semana tras semana, pero ya sabemos que esto tampoco es indefinido.

CASO ROSS

Estudiemos otro caso, las tiendas Ross (ROST):

GRÁFICO 10

Como vemos en el **GRÁFICO 10**, la acción de ROSS subió durante 13 meses aproximadamente. Pero vamos a lo mismo, después de una fuerte subida vienen correcciones, porque los inversionistas necesitan liquidar utilidades.

Otro factor importante por el cual una acción puede corregir su tendencia es el reporte de utilidades (earnings). Sobre este tema trataré más adelante, y también explicaré cómo hacer dinero con dichos reportes.

La importancia de las velas es que dan señales de **compra, venta y cambios** en la tendencia. Algunas nos indican valiosas oportunidades como el **martillo (Hammer) y la gran vela verde**. En el siguiente gráfico las podrá conocer.

GRÁFICO 11

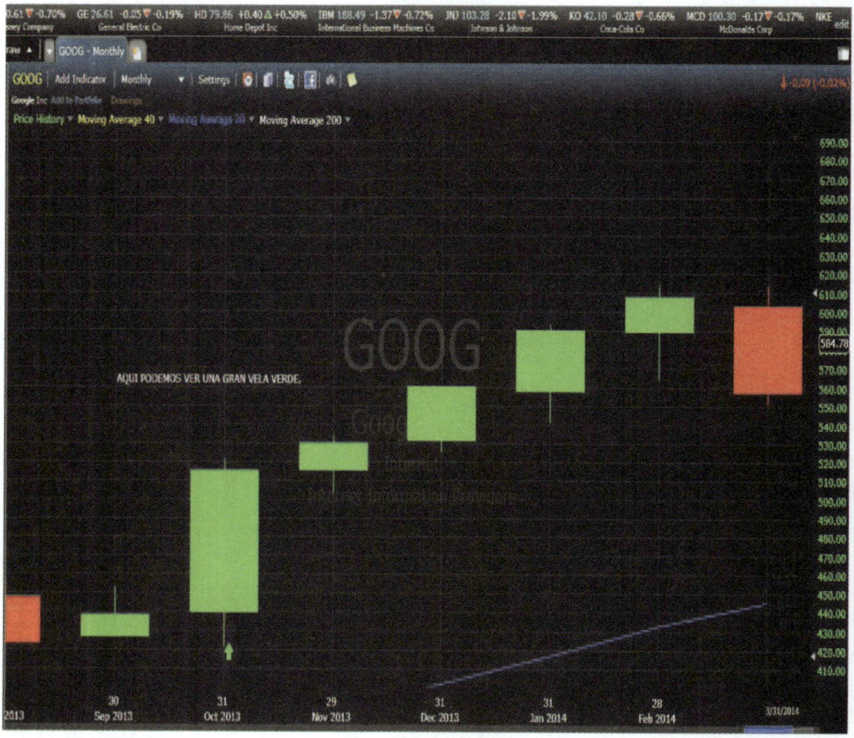

Después que se presenta esta vela, con un cuerpo casi tres veces mayor que la anterior, suelen venir incrementos adicionales de precios. En este caso, después que se presentó la gran vela verde, esta acción subió de $520 a $610, aproximadamente.

La otra vela que más me ha dado resultado, en mi experiencia de trading, es el martillo o hammer, que me indica oportunidades de entrada o compra dentro de una tendencia alcista.

GRÁFICO 12

Como nos muestra el gráfico, cuando se presenta la vela "martillo", se observa una cola y una cabeza en la parte superior. Eso nos está diciendo "no voy a caer más". Aquí se señalan las velas martillo con una flecha verde.

El martillo representa una negación a la caída de precios, pero de- be estar en una tendencia al alza como lo muestra el gráfico del S&P 500 en éste periodo de tiempo. En repetidas ocasiones, una vez aparece la vela martillo, respetando la línea de tendencia, suele haber incrementos importantes en los precios.

7

LOS PROMEDIOS MÓVILES

Los promedios móviles o "moving average" nos permiten confirmar la tendencia. Es decir, permiten asegurar si estamos en una tendencia al alza o a la baja, también nos ayudan a determinar si estamos comprando caro o barato.

Para aclarar lo anterior debemos ver el **GRÁFICO 13**. Ya sabemos que las velas son los cuatro precios de un día, semana, año, 1 hora o la unidad de tiempo que determinemos en la plataforma. Debajo de los precios vemos una línea de color azul oscuro, (Promedio móvil de 20), otra de color amarillo (Promedio móvil de 40) y una blanca debajo de las anteriores (Promedio Móvil de 200). Estas líneas son los promedios de precios de las últimas 20, 40 y 200 semanas, en este caso. Son móviles, porque dicho promedio va avanzando conforme trascurre el tiempo.

GRÁFICO 13

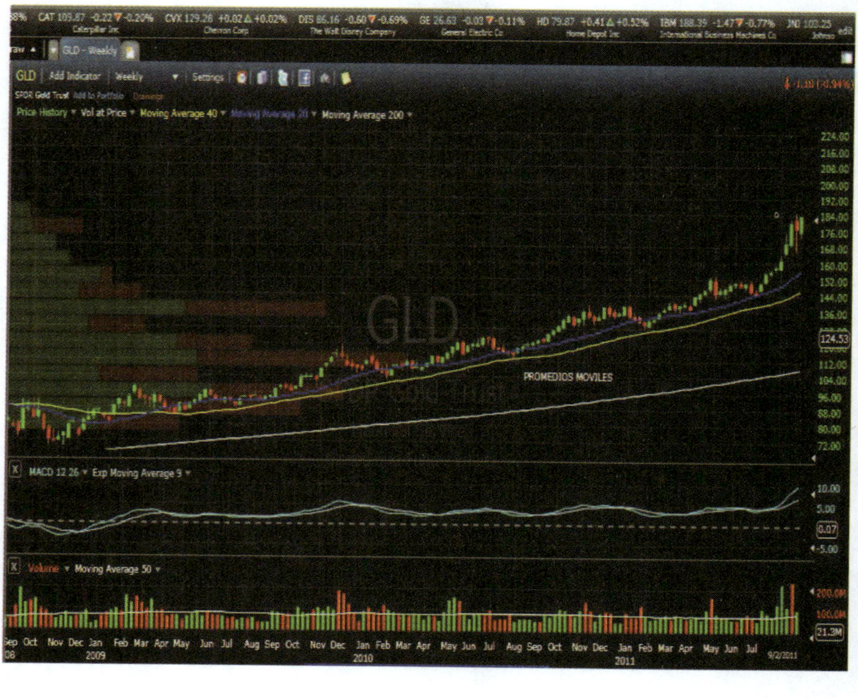

Más importante que saber cómo se construye el indicador, es saber su utilidad. En la página freestockcharts.com, solo se debe colocar **"adicionar indicador"** (add indicador – moving average – price history), y sale automáticamente la línea. Una vez se tiene la línea dibujada en el gráfico, en la parte superior, usted puede hacer clic sobre el promedio y hacerle **"edit"** para cambiar el 50 por 20. Usted puede repetir este ejercicio 3 veces para que al final obtenga los 3 promedios móviles, tal como se muestra en el gráfico 13.

Como mencioné, los promedios nos ayudan a confirmar la tendencia. En el **GRÁFICO 13** se presenta una tendencia al alza: la podemos reconocer primero, porque las velas o precios están por encima de las líneas de los promedios de 20, 40 y 200. Segundo, las líneas de los promedios parecen como rieles de ferrocarril, es decir, van paralelas en una dirección inclinada, ascendente. Tercero, para reconocer esta tendencia alcista los precios deben estar por encima del promedio móvil de 20. Este debe ser mayor o estar por encima del de 40, y el último por encima del de 200, como se muestra en el Gráfico 14.

Un factor clave para tener éxito en una tendencia como la del Gráfico 13, es **comprar cerca del promedio y vender lejos del promedio**. Es decir que, si los precios están cerca de las líneas dentro de la tendencia, nos está indicando comprar y cuando los precios están alejados de los promedios, nos está indicando vender o salir de la posición.

En el GRÁFICO 14 señalo con flechas verdes los puntos de compra, y con flechas rojas los puntos de venta.

GRÁFICO 14

El **GRÁFICO 14** nos permite reconocer una clara tendencia al alza, pero además podemos visualizar los puntos de entrada (compra) y los puntos de salida (venta). Como puede ver en la parte final derecha del gráfico, el GLD (oro) llegó a estar en niveles de $186. Los que compraron ahí estaban lejos del promedio y perdieron debido a que los precios corrigieron y regresaron cerca de las lí- neas de promedios, a niveles de precios de $162. Quiero que usted esté consciente que ésta es una gran lección.

Es decir, **ya usted sabe cuándo comprar y cuándo vender utilizando los promedios móviles.** La gran mayoría de las personas compran por emoción o porque "yo escuché", "yo creo", "yo pienso", y eso no funciona en el mundo financiero. Debemos tener un soporte técnico fuerte para tomar decisiones de compra y venta. Los promedios son grandes aliados porque nos hacen detectar qué está por ocurrir en el mercado. También nos ayudan a saber cuándo una tendencia a la baja está por cambiar a una al alza, y viceversa. Cuando los promedios se cruzan; es decir, ya no parecen líneas paralelas de ferrocarril, sino que se tocan y atraviesan, lo que estaría indicando un cambio de tendencia.

En el **GRÁFICO 15** podemos ver las tendencias y los puntos en los cuales se cruzan los promedios, indicando cambios futuros. En la acción de Google que podemos ver en la parte izquierda del gráfico, notamos el periodo de alza, hasta que se comienzan a cruzar los promedios, llevándonos a una tendencia a la baja. Esta se caracteriza porque los promedios móviles se encuentran por encima de los precios.

También en el **GRÁFICO 15** se ve que las líneas azules y amarillas están por encima de los precios o velas, hasta que se da el cruce nuevamente en el periodo de mayo de 2014, indicando un cambio al alza. Si vemos el cambio en los precios de mayo a julio 15 de 2014, estamos hablando de que Google en mayo llegó a estar a precios de $500 por acción, y solo mes y medio después se encuentra a niveles de $584. Este es un incremento cercano al 20%, en menos de dos meses. Lo anterior para algunos inversionistas representó ganancias de millones o cientos de millones de dólares.

Es una gran ventaja si se sabe cómo aprovechar esta información con el instrumento de inversión adecuado.

GRÁFICO 15

El promedio móvil de 200 es la línea blanca en el gráfico y es de gran utilidad, por lo menos en mi experiencia de inversión, porque me da señales de compra cuando es tocada por los precios y estos respetan la línea. Es decir que, cuando las velas tocan la línea blanca o promedio móvil de 200, y vemos que en lugar de seguir bajando los precios comienzan a subir, es una gran oportunidad para rápidamente obtener utilidades importantes.

En el periodo de mayo de 2014 vemos que GOOG se cotizó a niveles de $520 por acción, y si cuenta las velas verdes, subió durante 6 días hasta llegar a $565 aproximadamente, produciendo $45 por acción de utilidad en un periodo de 6 días. Lo anterior no parece gran cosa, pero recuerde que los inversionistas utilizamos apalancamiento (hacemos más dinero con menos dinero), y muchas veces este apalancamiento es hasta de 100 veces. Por lo tanto $45 en realidad son $4,500 de utilidad y más por cada posición. Esto lo explicaré más adelante.

En el **GRÁFICO 16** podemos ver mejor la entrada con el promedio móvil de 200, donde en la parte inferior izquierda los precios están cerca de la línea blanca y me indican oportunidad de compra.

GRÁFICO 16

De igual manera, los promedios móviles nos permiten operar en cualquier unidad de tiempo. Podemos ver unidades de tiempo en una hora y analizar algunas oportunidades, por ejemplo, con CMG (Chipotle Mexican grill):

GRÁFICO 17

Como se puede observar, una vez los precios tocan en (CMG) el promedio móvil de 200 en una hora, se presentan rebotes o subidas de precios importantes en periodos cortos de tiempo. La primera vez que tocó el promedio entre el día 8 y 9 de julio, la acción subió de $580 a $608, una subida de 28 puntos en un día prácticamente. En la segunda ocasión, estaba apenas comenzando el movimiento, pero respetó el mismo nivel y en un solo día ya estaba arriba cerca de $8 por acción.

CONCLUSIÓN:

Podemos decir que los promedios móviles nos ayudan a confirmar la tendencia, sus cambios, y a detectar oportunidades de compra y venta en los diferentes activos financieros. Son de vital importancia y nos anuncian cambios que pueden traducirse en cuantiosas sumas de dinero. Los promedios móviles actúan además como pisos y techos, es decir, niveles de soporte y resistencia dentro de una tendencia definida.

Otra conclusión aún más importante es: nunca compre lejos de los promedios móviles, pues los precios se mueven en ondas; es decir, suben y bajan. Los promedios además le ayudan a conocer qué tan lejos o cerca se encuentran los precios de lugares óptimos de compra y de venta (ver gráficos 15, 16 y 17).

8

SOPORTE Y RESISTENCIA

Revisando la historia de los precios de los diferentes activos, encontramos que los inversionistas tienen memoria de precios. Es decir, recuerdan lo que pasa cuando una acción toca cierto nivel de precios, lo que puede motivar a comprar o vender.

Veamos algunos casos en diferentes marcos de tiempo para entender lo anterior.

GRÁFICO 18

En este gráfico estamos viendo los precios de CMG desde el día 12 de agosto de 2014 hasta el 5 de septiembre aproximadamente. Los precios están en unidades de hora; es decir, cada vela significa una hora dentro de la jornada de negociación de 9:30 am a 4:00 pm, hora de Estados Unidos.

En este gráfico he trazado una línea horizontal en la parte de abajo y otra en la parte de arriba. Lo hice con el propósito de poder identificar los niveles de compra y venta. Un nivel de compra se identifica cuando los precios no caen más de ese nivel por dos o más veces. En este caso vemos que cada vez que los precios en esta acción toca 674 comienzan a subir, hasta llegar a niveles entre 685 y 693, donde comienzan a caer los precios de nuevo.

Lo anterior puede repetirse por un tiempo, pero una vez que se rompen esos canales iniciales —los cuales llamaremos piso y techo o soporte y resistencia—, en el mismo orden suelen formarse nuevos patrones. Nuestro trabajo como inversionistas consiste en identificarlos y sacar el mayor provecho de estos eventos.

A continuación, podemos ver otros casos de Soporte y Resistencia.

En el GRÁFICO 19 podemos ver la acción de Best Buy (BBY). La unidad de tiempo que utilizaremos es el periodo mensual, es decir, cada vela representa un mes diferente en el gráfico.

Ya el lector está en capacidad de identificar que el piso o soporte está en los precios entre 11 y 12 dólares, así como el techo o resistencia se ubica en los niveles entre 42 y 45, pues estos niveles se han respetado. Es decir que, cuando la acción llega a esos precios, hasta ahora han representado oportunidades de compra y venta exitosos.

GRÁFICO 19

Otro aspecto importante de los niveles de soporte y resistencia es que nos permiten determinar de forma profesional nuestros niveles de riesgo y de venta potencial. Quiere decir que esos son nuestros niveles de "Stop Loss" y "Take Profit". Lo anterior significa niveles máximos de pérdida en el caso del Stop Loss y de toma de utilidades en el caso de Take Profit. Veamos un ejemplo práctico.

EJEMPLO PRÁCTICO

Vamos a suponer que el señor X tiene $100,000 y vio que BBY (Best Buy) tocó niveles de precios de $11 por acción aproximadamente. Cuando la acción estuvo en ese nivel de precio en periodos anteriores, como el año 2001 y 2003, él observó que durante esos periodos de tiempo la acción comenzó a subir cuando el precio tocaba esos niveles. Además, que eso podría ocurrir nuevamente, una vez que se demostrara el rebote; es decir, cuando ya no iba a caer más la acción, sino que la vela comenzara a estar verde o positiva. De esta forma, el señor X podría entrar en dicha inversión de forma inteligente.

Lo que el señor X observó es que la acción venía cayendo de precios a finales de 2012, por 6 meses seguidos. Luego él vio a su izquierda, es decir, vio la historia, los periodos anteriores. Y observó que podría venir un rebote (el cual es una oportunidad para ganar dinero).

El señor X no compró en vela roja (anótelo en su libreta de reglas). La clave es comprar en vela verde y vender en vela roja. Él compró cuando vio que la acción comenzó a subir, respetando ese soporte que estaba marcado en los periodos 2001 y 2003 respectivamente. Además de eso, observó que estos niveles le ayudaban a fijar su límite de pérdida o Stop Loss. Su análisis financiero fue el siguiente:

PRECIO DE COMPRA: $12,5 por acción
CAPITAL A INVERTIR: $100,000
NÚMERO DE ACCIONES A COMPRAR: 8,000 unidades

STOP LOSS o PERDIDA MÁXIMA PERMITIDA: $10,000 lo cual equivale a $11,25 como precio máximo de caída. Es decir, si él compró 8,000 stocks de BBY a $12,5 eso da $100,000, pero si el precio baja a $11,25 su portafolio valdría $90,000, perdiendo en este caso $10,000 que es su valor en riesgo. Dicho evento no ocurrió, pues este nivel se fijó con los gráficos y la historia.

TAKE PROFIT o NIVELES DE TOMA DE UTILIDADES: El señor X una vez que hizo su compra fijó que, cuando la acción llegara a niveles de $25 el vendería el 50% de sus acciones, y el otro 50% lo vendería en el caso de que la acción llegara a $40.

El anterior ejercicio puede resumirse así:

VENTA 50%: 4 mil acciones a $25, para un total de $100,000, en este momento el señor X logró sacar su inversión inicial y la inversión que aún queda está libre de riesgo, pues él ya sacó su capital inicial.

Aún le quedan 4 mil acciones con un valor total de $100,000 adicionales. El señor X espera que estas acciones lleguen a $40. Una vez la acción llegue a ese nivel, él vende sus 4 mil acciones por un total de $160,000, los cuales representan la utilidad. Lo anterior ocurrió en un periodo de solo 10 meses. La utilidad porcentual en este ejercicio es técnicamente infinita, pues no había valor o capital en riesgo.

Como puede verse en este ejemplo, los niveles de soporte y resistencia son una herramienta práctica para tomar decisiones. Nos ayudan a controlar nuestros niveles de riesgo, y también a detectar áreas potenciales de venta.

9

ESTRATEGIAS

Antes de invertir, lo más importante es saber cuál es nuestro nivel de riesgo, y el posible nivel de utilidad que recibiremos para determinar si nuestra estrategia es conveniente o no. Una estrategia ganadora le permite, antes de tomar cualquier decisión, saber si las probabilidades están a su favor o no, analizando siempre previamente los gráficos.

Ejemplo:

En el Gráfico 19 se puede ver el caso de BBY. El riesgo por acción era de $1,25 y el beneficio potencial era, según el gráfico en periodos anteriores $40 (niveles de techo) – 12 (niveles de soporte o piso periodos 2001-2003) = $28 (de utilidad potencial). Esta estrategia puede resumirse así:

Recompensa potencial $28 / **Riesgo potencial** $ 1,25 = $ 22
Es decir, la estrategia se llamaría 22/1. Uno de riesgo vs. 22 de recompensa.

Como puede ver, en este tipo de estrategia hay más probabilidades a favor que en contra. Mi experiencia confirma que una estrategia ganadora debe ser superior a la proporción 4/1.

Para calcular la relación de una estrategia ganadora debemos colocar los dólares o unidades de ganancia potencial y dividirlos entre el riesgo o stop definido. Si la relación es mayor de 4 podemos decir que es una buena estrategia, siempre y cuando el análisis del gráfico sea correcto.

Gerencia del dinero o Money Management

Una norma de inversión personal que se debe seguir como ley de las finanzas es: coloco en las cuentas de inversión solo lo que estoy dispuesto a arriesgar.

Las personas que sufren quiebras financieras por sus inversiones, siempre violaron esta regla, y colocan o especulan con dinero que no es de ellos, o con montos que no pueden permitirse usar o que debían utilizar para otros planes.

Con esto claro, es preferible o recomendable:

1. Nunca endeudarse para realizar este tipo de inversiones.
2. No invertir montos que podrían afectarle mental, emocional y físicamente si pierde.
3. No usar dinero de amigos o familiares para invertir.

La gerencia del dinero significa también que debemos ser astutos, y comenzar manejando bien lo pequeño, para después manejar sumas cada vez más grandes.

Por ejemplo, una persona que tenga una cuenta de $500 no debe tomar los $500 y utilizarlos en una sola posición. Al contrario, debe fijar una cantidad pequeña, por ejemplo $50 o $100 para comenzar, y cuando muestre un resultado positivo con esta suma puede pasar a manejar otra posición más grande. Mientras, va adquiriendo experiencia como inversionista.

Otro aspecto importante de la gerencia del dinero, es definir siempre sus límites, tanto de ganancia como de pérdida y utilizar estrategias ganadoras como lo vimos anteriormente.

Recuerde que más adelante en este libro leerá sobre el apalancamiento; es decir, hacer más dinero con menos dinero. Por esta razón, $500 no son en realidad esa suma sino probablemente 10, 20 o 100 veces más.

Otro aspecto de la gerencia del dinero es la disciplina. Un inversionista disciplinado vende una vez ha cumplido su objetivo, pues entiende que los mercados suben y bajan. Si no lo hace puede no solo perder su ganancia potencial, sino además su capital inicial. Igualmente, si su inversión no sale como esperaba, el inversionista disciplinado vende y ejecuta su límite de pérdida, pues entiende que es preferible perder una parte que perder el todo.

Más adelante hablaremos del Money Management en Options, un instrumento de apalancamiento que le permitirá ganar más dinero con muy poco dinero y con riesgos limitados.

TENDENCIA

Recordemos que uno de los principios más importantes es: "la tendencia es mi amiga y nunca voy en contra de ella". Podemos encontrar 3 tipos:

1. Alcista
2. Bajista
3. Lateral

Puede encontrar mercados al alza, por ejemplo, el periodo comprendido desde el 2009 hasta el primer trimestre de 2015, en el S&P 500. También tendencias a la baja, como el caso del oro (GLD), plata (SLV) y petróleo (USO). Además, podemos encontrar tendencias laterales, donde los precios se quedan en un rango horizontal durante un periodo de tiempo considerable, como es el caso de JPM (Chase Bank).

En este libro vamos a estudiar todas estas tendencias, pero nos enfocaremos en la tendencia al alza, debido a que es la actual en el mercado y será de gran utilidad para el lector.

Claves para reconocer una tendencia al alza:

1. Los precios en el tiempo van en orden ascendente.
2. Los precios o velas están por encima del promedio móvil de 20, 40, 100 y 200 en el marco de tiempo diario.
3. Se forman canales alcistas, es decir los precios suben y bajan, pero lo hacen dentro de un canal donde siempre están alcanzando nuevos precios cada vez mayores.
4. Existen zonas baratas, donde lo más inteligente es comprar (en la parte inferior del canal alcista).
5. Existen zonas caras, donde lo más inteligente es vender (en la parte superior del canal alcista).

GRÁFICO 20

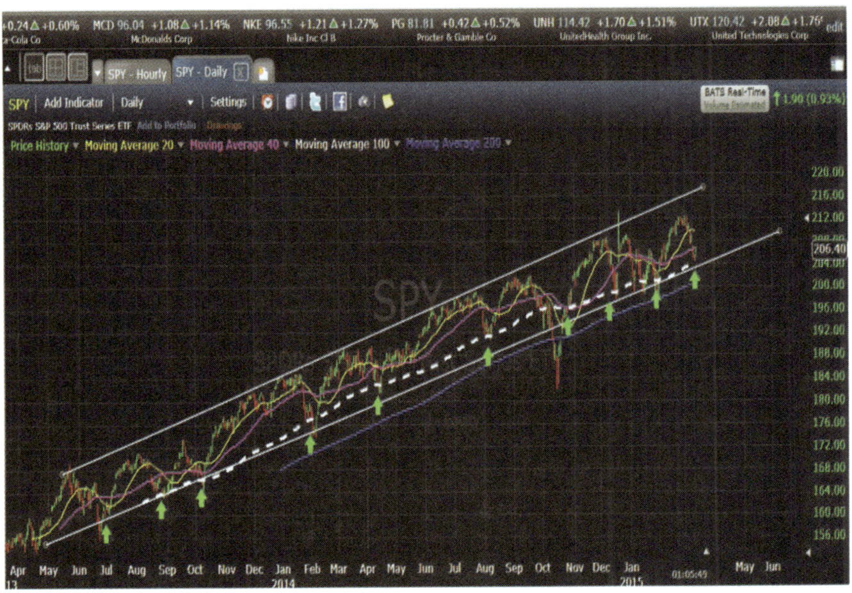

Estudiemos lo anterior con el S&P 500, el cual resume la historia del mercado accionario americano. Como vemos en el **GRÁFICO 20**, se ha formado un canal claro al alza en el S&P 500, donde los precios tienden a subir cuando tocan la parte baja del canal señalado por las flechas verdes, punto en el cual lo más inteligente es comprar. De igual forma. la parte superior del canal me indica que es el momento de vender, y si no lo hago puedo perder las utilidades logradas en ese transcurso de tiempo.

Ejemplo:

Al analizar el periodo julio de 2013, los precios tocaron la parte inferior del canal donde fue inteligente comprar, pues se tenía un bajo riesgo de acuerdo a la historia y un área potencial de ganancia superior a dicho riesgo. El precio stop de ese momento era de $157 por cada ETF del SPY. Supongamos entonces que estamos dispuestos a arriesgar $2 por ETF y midiendo el área en la cual podía subir, definimos que podía llegar a precios de $170. Es decir, mi recompensa potencial era de $13 vs un riesgo de $2. Esta se define como estrategia ganadora, debido a que si saco la relación recompensa / riesgo me da lo siguiente:

Recompensa $13 / riesgo de $ 2 = 6,5 o 6,5 / 1

En la operación anterior puede ver que las probabilidades están a su favor, y la proporción de ganancia es mucho mayor que el riesgo. Esto es importante hacerlo, pues antes de invertir tenemos que medir y estar preparados para cualquier eventualidad. El plan debería ser el siguiente: si le va mal pierde 2 dólares por ETF y ejercería el stop loss (límite de perdida), es decir, vende con solo un poco de pérdida. Si le va bien y el mercado sube, usted gana $13 aproximadamente.

Ejercicio:

Supongamos que usted compró 1000 ETFs del SPY a un precio de $157 cada uno, el valor total de inversión sería $157,000 + $7 de comisión para un total de $157,007. Si el SPY bajara a $155 usted vendería perdiendo solo $2,000 aproximadamente.

Pero la realidad es que SPY subió a un precio de $ 170 donde se realiza la venta a ese precio, y obtiene una cantidad total en dólares de $ 170,000 menos comisiones que no llegan a los $20. Total de ganancia aproximada: $13,000 en un periodo de tiempo de un mes. Esa es una rentabilidad aproximada de 8% nominal mensual.

10

ENTRADA PERFECTA Y MACD

Como usted ya ha leído, su trabajo es comprar inteligentemente cuando el mercado está en promoción. Sin embargo, es importante tener en cuenta indicadores adicionales antes de tomar la decisión de comprar, la cual describo en los siguientes cinco puntos:

1. En el **GRÁFICO 21** la tendencia es clara y los precios tienden a rebotar cuando toca la parte baja del canal, lo cual se traduce en oportunidades.

2. Un excelente indicador es cuando sale una vela "martillo", la cual tiene una cola larga que nos indica que los precios estaban cayendo, pero volvieron a subir rápidamente. Es importante que esta vela salga en la parte inferior del canal. Después de esto debe salir una vela verde indicando un rebote, lo cual nos confirma que el mercado seguirá con la tendencia al alza.

3. Con el SPY el promedio móvil que mejor le ayuda a identificar de forma clara los rebotes es el promedio móvil de 100. Si ve en la historia, cada vez que los precios llegan a ese nivel tienden a rebotar y continúan la tendencia.

4. Un indicador adicional de gran ayuda es el MCDA, el cual nos confirma también que estamos en zona de compra o de venta. Señalaré con flechas verdes dónde el MCDA avisa que debemos comprar, y a su vez donde éste coincide con los demás indicadores mencionados.

5. Por último, es importante que, si estamos cerca del promedio móvil de 100 en diario, pasemos al marco de "tiempo/hora", y revisemos que existe el cruce de los promedios que indiquen que ya los precios no están cayendo más, sino que están confirmando el cambio de tendencia. Le sugiero que, enseguida se detenga

unos minutos en el GRÁFICO 21 para que confirme y haga sus propias conclusiones sobre lo indicado en los puntos 1 al 4. Más adelante debe detenerse en el GRÁFICO 22 para que haga las mismas conclusiones sobre la ilustración con el punto 5.

Podemos ver en el GRÁFICO 21 que cuando los precios tocan el canal inferior o el promedio móvil de 100, comienzan a subir.

GRÁFICO 21

También podemos identificar en los primeros dos casos las velas martillo que preceden la subida de los precios, y en la parte inferior vemos el cruce del MACD. Esto nos confirma que los precios están en zona de compra, y de ahí en adelante es muy probable la subida de los precios de dicho activo. Algo muy importante de destacar es que la historia nos enseña que las subidas se demoran

aproximadamente entre 3 y 4 semanas, y que el movimiento ascendente está entre los $10 y los $15 en promedio, lo cual nos daría el área de recompensa.

Veamos a continuación lo que debe pasar en el tiempo hora. Para esto, en la página de www.freestockcharts.com debemos cambiar la unidad daily por la de hourly. Y lo que debe aparecer en la zona inferior es lo siguiente:

GRÁFICO 22

En hora (hourly) analizaremos que la señal definitiva es que los precios cambian de una tendencia bajista a una alcista cuando los promedios móviles de 20 y 40 se cruzan en el período de tiempo hourly, es decir en una hora. A partir de ahí se forma una tendencia al alza nuevamente, en la cual, otra vez aplicamos la estrategia "las caídas son oportunidades", y siempre debemos comprar cerca de los promedios móviles y vender lejos, basados en la historia, esperando la ruptura del canal bajista en hora.

La tendencia alcista en los mercados es una gran oportunidad para crear su propio dinero. Solo es cuestión de entenderlas y estudiarlas para sacar el mayor beneficio económico:

1. Debe saber comprar cuando los precios están en promoción y vender cuando ya hemos logrado nuestro objetivo de rentabilidad.

2. Es importante no permitir que el miedo o la avaricia dominen sus decisiones de inversión.

3. Las decisiones de compra y venta deben estar basadas en los hechos reales, es decir en los gráficos y no en emociones u opiniones personales.[1]

4. Solo cuando logramos ser objetivos y diligentes vamos a tener éxito en nuestras inversiones.

1 Las emociones personales no han contribuido de forma positiva en mi proceso como inversionista. Esa es mi experiencia y con mucho gusto la comparto con usted y la dejo como conclusión y reflexión.

Otras importantes conclusiones de la tendencia:

1. Las caídas son oportunidades, solo si nos encontramos en una tendencia al alza (vea GRÁFICO 23).

2. Los ciclos se repiten y debemos estar preparados para tomar acción.

3. Lo más inteligente en las tendencias al alza son las compras en largo, es decir, comprar barato para vender caro (utilizar CALLS).

4. No es recomendable realizar "short sales", ventas en corto o PUTS, debido a que a veces los precios se pegan en la parte superior del techo y los precios siguen subiendo. Lo anterior traería pérdidas a ese tipo de operaciones más avanzadas.

5. El MCDA debe encontrarse preferiblemente en el área baja, es decir debajo de la línea cero, y debemos esperar el cruce (Estudiar periodo diario para MCDA).

6. La vela martillo o hammer es un indicador que le ayuda a tomar decisiones de compra, siempre y cuando se encuentre en la parte inferior del canal, y posteriormente aparece la vela verde en diario y se presenta la ruptura del canal en hora.

7. Si los precios se salen del canal de la tendencia, es prudente esperar para saber si vuelven a ingresar a dicha área, de lo contrario nos estarían avisando un cambio de tendencia para los próximos periodos. Para entender este punto puede ver la gráfica del oro (GLD) en el periodo 2012.

GRÁFICO 23

El **GRÁFICO 23** nos muestra la típica tendencia al alza, donde los precios (velas verdes y rojas) en la parte superior, están por encima de los promedios móviles de 20 y 40 (líneas amarilla y verde). En este tipo de escenario las caídas son oportunidades de compra, **especialmente cuando tocan el promedio móvil de 40 (en hora)**. Recuerde que los promedios móviles además representan soportes o pisos donde los precios suelen rebotar.

Como hemos visto, en el SPY (ETF del S&P 500), en el periodo de tiempo diario hasta la fecha (primer trimestre de 2015 – "fecha actual"), el promedio móvil de 100 es el soporte más preciso a utilizar. Como observamos en el GRÁFICO 21 y 24, cuando los precios tocan dicho promedio suelen tener una subida aproximada de 10 puntos.

También podemos ver que, analizando el periodo hora en el SPY, los promedios móviles más importantes suelen ser el de 20 y 40, especialmente el de 40 como vemos en el GRÁFICO 23. Allí se presentan subidas en periodos cortos de tiempo, entre 2 a 6 puntos, solo en pocas horas.

En resumen, la información anterior le ofrece datos específicos para generar utilidades en el mercado de valores más grande del mundo.

Herramientas adicionales para realizar un trade perfecto.

Ya en este punto, usted debe saber que el S&P 500, así como el Nasdaq y el Dow Jones tienden a respetar el Promedio Móvil de 100, pero he podido comprobar que esto no siempre ocurre. Por lo que es necesario un dato más exacto para tomar decisiones de compra.

No estoy diciendo que el promedio móvil de 100 no sea importante. Sí lo es, y la gráfica lo demuestra. Pero debemos tener un paso adicional y es el trazo de las líneas bajistas en hora. Esto nos sirve para saber exactamente dónde comprar.

Recuerde que puede ver videos donde estoy haciendo dinero en tiempo real, utilizando las herramientas que le estoy compartiendo; para esto, visite la página **www.uoptions.co**

Utilizando los gráficos en día y hora, a continuación compartiré con usted una estrategia que es maravillosa, con la cual es más difícil perder que ganar.

GRÁFICO 24

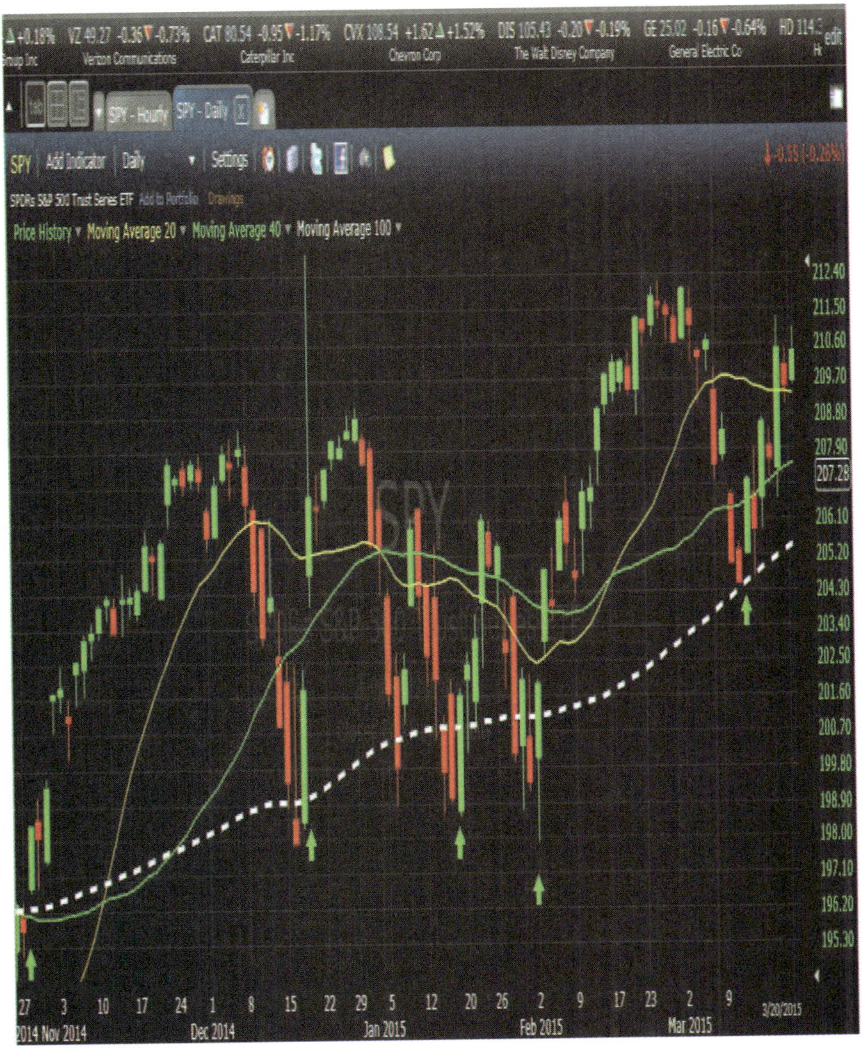

Este gráfico muestra bien lo que ha venido ocurriendo con el S&P 500 desde finales de 2012: cada vez que toca la línea blanca (Promedio Móvil de 100), los compradores reaccionan y hacen subir los precios en un periodo inferior a 30 días.

Es decir, los inversionistas que han comprado cuando los precios tocan dicho indicador (PM 100) han ganado dinero rápidamente. Así que usted debe tener en cuenta que no todo el mundo gana lo mismo, incluso si han comprado y vendido a los mismos precios, pues lo anterior depende de cuánto apalancamiento[2] hayan utilizado.

El **GRÁFICO 24** nos muestra que los precios suben, bajan y tienden a subir nuevamente cuando tocan el piso del PM 100. El segundo paso es colocar el tiempo en la pestaña Hourly (Hora) cuando comienzan a caer los precios. A la vez iremos trazando una línea por la parte de arriba. Ese techo es el que nos ayudará a reconocer cuándo los precios van a parar de caer y comenzarán a subir nuevamente; es ahí donde debemos estar atentos para invertir, preferiblemente S&P 500 (SPY). También debemos estar en el periodo diario cerca del promedio de 100 (PM 100).

Esto lo describo en el **GRÁFICO 25**. Tenga en cuenta que los gráficos 24 y 25 son los mismos, simplemente están en diferentes marcos de tiempo.

El **GRÁFICO 24** está en periodo daily (diario). Esta estrategia quiere decir que cada vela es un día. El **GRÁFICO 25** está en hora, lo que nos quiere decir que cada vela representa una hora (entre las 9:30 am y las 4:00 pm).

---

2 APALANCAMIENTO: (APL) es hacer más dinero con menos capital propio.

GRÁFICO 25

El GRÁFICO 25 nos muestra con la flecha verde, exactamente dónde comprar. Las líneas en la parte superior son dibujadas en **freestockcharts.com**. Esto debe hacerlo usted mismo, es algo sencillo. Recuerde que en la página **www.uoptions.co** le enseñamos a través de videos cómo puede hacer esto de forma fácil, simple y sencilla.

También en el **GRÁFICO 25** puede ver los precios de compra y venta para que tenga una idea de las utilidades por cada unidad o ETF comprado. Todo esto se ve muy interesante, pero si fuese solo así, se necesitaría mucho dinero para hacer dinero.

Para explicarle mejor, voy a realizar el siguiente ejemplo:

Supongamos que compramos 100 unidades del "SPY" a un precio de $202 cada uno. Para ello necesitaríamos una inversión de $20,200. Pasados 20 días vendemos a un precio de $211, es decir, obtendríamos $21,100, donde la utilidad total sin comisiones de compra y venta sería de $900. Ésta no es una suma muy emocionante, sobre todo cuando se tiene que invertir más de $20,000 para lograrla.

Pero, qué tal si le digo a usted que para lograr esos $900 solo se tienen que invertir $200. Así como le digo y se lo escribo: Doscientos dólares. ¡No es un error de imprenta!

Insisto, el mundo de las inversiones es maravilloso. Existen instrumentos de apalancamiento que permiten obtener esos rendimientos en poco tiempo, utilizando todo lo que le he compartido, y que espero usted haya aprendido hasta este punto.

11

APALANCAMIENTO

Hasta el momento, hemos utilizado el análisis técnico y fundamental para tomar decisiones de inversión. Sabemos cuándo comprar y cuándo vender, ahora debemos descubrir cuáles son los instrumentos o formas de invertir más rentables.

Tradicionalmente en el sector financiero algunas instituciones tienen algo llamado cuentas de margen. Estas cuentas permiten comprar el doble, triple, o en algunos casos hasta 20 veces el capital que usted tenga en su cuenta. Veamos, si en su cuenta de bróker usted tiene $5,000, ellos le permiten, en el caso de apalancamiento, comprar hasta $ 20,000. De estos, $5,000 son suyos y sería el riesgo máximo, y $15,000 son de ellos.

La ventaja de este tipo de cuenta es que usted puede hacer más dinero, pero tiene una desventaja fuerte, todo el dinero que está en su cuenta es decir **SU DINERO, ESTÁ EN RIESGO.** Mejor dicho, si usted hace una inversión y sale mal, su cuenta puede quedar en cero fácilmente.

Es por eso que me he especializado en aprender sobre el mercado de derivados financieros, específicamente "las opciones". Este instrumento le permite apalancarse 100 veces más, es decir, puede lograr el resultado deseado, literalmente invirtiendo 100 veces menos y limitando las pérdidas solo al monto invertido.

Ejemplo:

Si tengo una cuenta de $5,000 y compro una opción financiera que me cuesta $200, mi riesgo máximo es solo $200. Los $4,800 en efectivo en la cuenta no se verían afectados por dicha operación.

Comprar una opción es como comprar 100 ETF's por un lapso de tiempo, solo pagando una pequeña fracción de dinero, pues es por un periodo de tiempo limitado.

Las opciones son un contrato financiero que le da derecho a comprar o vender un activo como el (SPY) a un precio determinado durante un periodo de tiempo específico. Es como comprar un seguro, por el cual se debe pagar una prima.

Las opciones financieras tienen un precio independiente al stock o ETF. Tienen una oferta y una demanda, pero su precio está correlacionado con el precio del activo que se encuentra debajo.

Existen únicamente dos tipos de opciones: **CALL** y **PUT**.

Las opciones CALLS las utilizamos cuando creemos que el precio de algo va a subir. Las **opciones PUTS** las utilizamos si creemos que ese precio va a caer. Obviamente lo anterior es con el propósito único de ganar dinero.

Las opciones CALLS son un derecho a comprar, y las **opciones PUTS** nos dan el derecho a vender un activo financiero. Las opciones son muy similares a los forwards y los futuros. Es como pactar el precio de algo desde hoy para comprar o vender en el futuro.

Como ya se habrá podido imaginar, hemos trabajado con el S&P 500 porque vamos a utilizar opciones financieras del S&P 500 para hacer dinero. Ya sabe muy bien qué debe pasar con la gráfica para tomar la decisión de compra. Ahora veamos qué comprar cuando eso pasa.

Veamos qué componentes tienen las opciones:

1. Hay dos tipos de opciones financieras **CALL** y **PUT**, los CALLS se utilizan en tendencias al alza como es el caso del SPY. Los PUTS se utilizan en tendencias a la baja como es el caso del oro y la plata (SLV y GLD). Hay que tener siempre presente que lo que mejor funciona en tendencias al alza son los CALLS. Si cree que algo va a subir y quiere hacer dinero debe mirar los contratos CALLS.

2. Las opciones financieras tienen una fecha de expiración o "expiration date", es decir las opciones financieras se vencen, y si lo que usted creía o pensaba que iba a pasar no pasó, expiran, y su valor queda en cero.

3. Tienen un precio "strike". Este es el precio al cual tenemos el derecho a comprar o vender un Stock o ETF. Por ejemplo, si había comprado un strike $202 en el SPY y el precio sube a $211, como lo hicimos en el ejemplo anterior, ganaría $9 por contrato, esto multiplicado por 100 veces son $900. Y seguramente, dependiendo del tiempo, su opción le pudo haber costado algo entre $100 y $200. Es decir, se produjo una utilidad de $700. Lo interesante es que se logró con $200, y muy probablemente en un periodo de tiempo de dos a tres semanas.

4. Las opciones son un **derivado financiero**, es decir, se derivan de algo. En este caso, para que existan opciones del SPY debe existir el SPY. Si vamos a comprar opciones de Apple es porque existe Apple. Las opciones reaccionan a los movimientos del activo (ETF o stocks). Por ejemplo, si Apple sube el 4% en un día, las opciones CALL de Apple pueden subir un 100% o más. Esto es lo que hace mucho más interesante a las opciones, porque reaccionan o se mueven más rápido que las acciones y ETF´s, pues son apalancamiento.

5. Las opciones tienen un precio independiente al del activo, es decir, están correlacionadas con el SPY o con cualquier acción, pero el precio de la prima en las opciones varía dependiendo de factores como el "strike Price", la volatilidad, el tiempo, entre otros. Por ejemplo, no es lo mismo alquilar algo por un mes que hacerlo por un año, es decir entre más lejana sea la fecha de expiración mayor será la prima a pagar por parte del inversionista. En el caso del "strike price", entre más alejado esté el strike del precio del activo, la opción será más barata y entre más cerca esté, será más cara.

6. Las opciones también tienen un volumen diario de transacciones, similar a los stocks, pero este volumen suele ser mucho más bajo que el mercado accionario.

Ejemplo aplicado

1. **¿Va a subir o va a bajar el activo?**
   Lo que hemos estudiado es que el SPY cuando toca el promedio móvil de 100 y rompe el canal en hora suele subir, por lo tanto, debemos buscar opciones CALL.

2. **¿Qué precio strike debo escoger?**

   Lo que utilizo normalmente es dos dólares por encima del spot o precio actual; es decir, si el precio del SPY en el momento es 202 yo escogería strike 204 o 205 máximo, (los precios a los cuales aún no ha llegado el activo se llaman "out of the money" o por fuera del dinero. Son un poco más económicos y más sensibles ante cambios en el precio del activo.

3. **¿En cuánto tiempo va a subir?**

   Para esto debemos revisar la historia. Normalmente el SPY sube entre 6 y 10 dólares aproximadamente, y lo hace en un periodo entre 2 y 4 semanas. Esta sería nuestra fecha de expiración a escoger.

4. **¿De qué activo debo comprar opciones?**
   Por mi experiencia he llegado a la conclusión que lo más acertado es invertir en el S&P 500. Por múltiples razones es la mejor elección porque:

   - Es el activo financiero de mayor volumen.
   - La gráfica es predecible.
   - Es volátil.
   - Es importante que usted se concentre en un solo instrumento, en este caso es el más grande del mundo (SPY).

   Contestando estas preguntas ya tenemos todos los elementos para comprar nuestra opción financiera:

   Activo: (SPY)

   Fecha de expiración: 3 semanas más de la fecha actual

   Strike Price: Precio actual, ejemplo $202 + $2 = precio strike 204

   Valor de la prima: Puede estar entre $100 y $200 máximo (que sería el valor total en riesgo, y éste será el que aumenta en la medida que el precio del SPY suba).

5. **Cálculo de la utilidad aproximada:**
   Si el precio del SPY sube a $212, nuestra utilidad sería:
   Precio final $212 – Precio Strike $204 = 8x100 = $800

A esto le restamos la cantidad de dinero invertido. En nuestro ejemplo colocamos entre $100 y $200, o sea que la utilidad generada fue entre $600 y $700 por cada contrato. Esto equivale al 600% o 700% de utilidad en solo tres semanas. Esta rentabilidad no está calculada en términos efectivos anuales, pues en ese caso sería algo con muchos ceros a la derecha.

Estas rentabilidades son realmente muy importantes. En mi experiencia como inversionista nunca he visto algo parecido y ésta es una de las vías más inteligentes y rápidas para generar ingresos en el mercado de valores.

Las opciones financieras forman parte de un mundo apasionante, y le reitero mi invitación para que lea más sobre este tema en nuestra página **www.uoptions.co** y participe de nuestros eventos. Lo que usted acaba de aprender con toda seguridad es solo el principio de un mundo sin límites en el cual las reglas son diferentes, así como las posibilidades. Siga adelante y no se detenga. ¡Con estas herramientas que le estoy entregando... ¡Nadie podrá detenerlo!

¿Qué tal este ejemplo de rentabilidad?

- opciones weeklys o semanales: visita www.uoptions.co para aprender esta estrategia.

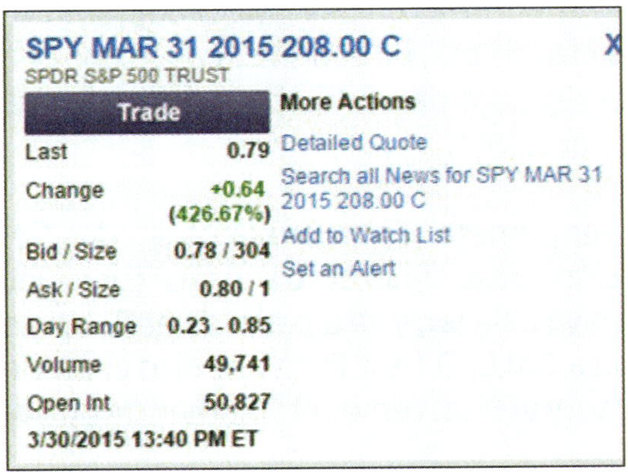

Eso quiere decir que en un día esta opción financiera subió el 426%. Ahora quiero mostrarle algunos ejemplos de las rentabilidades que pueden lograrse con las opciones financieras.

CUADRO 6

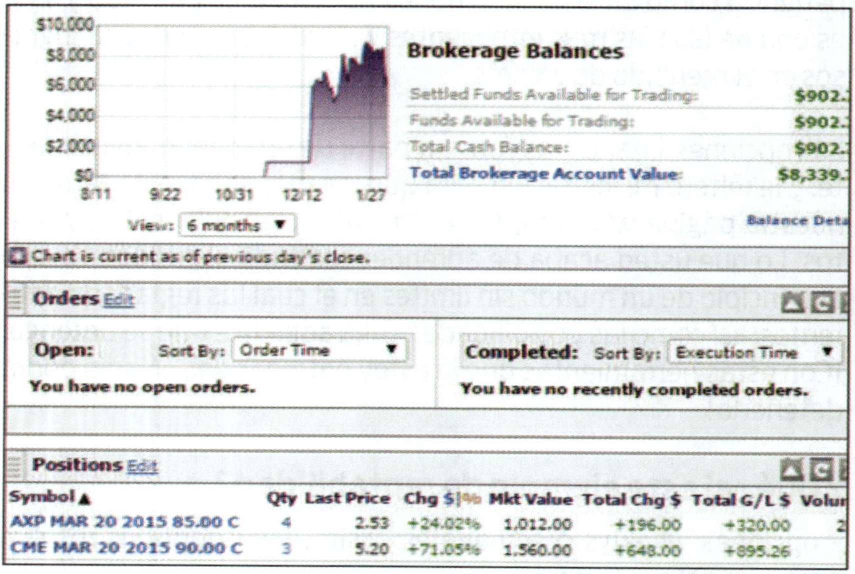

Estas son las opciones de American Express y CME Group, sus utilidades se ven en total Gain and Loss. En el primer caso tiene una ganancia de $320 y en el segundo de $895,26 producto de una subida en estos activos financieros.

En el símbolo podemos ver primero el nombre de la acción. Segundo la fecha de expiración, luego sigue el strike price (precio al cual creemos que el activo va a llegar, y va a pasar de ahí). Luego vemos una “C” que significa CALL. El Last Price nos dice el precio de la opción en el momento, y al final vemos el volumen de opciones transadas ese día.

CUADRO 7

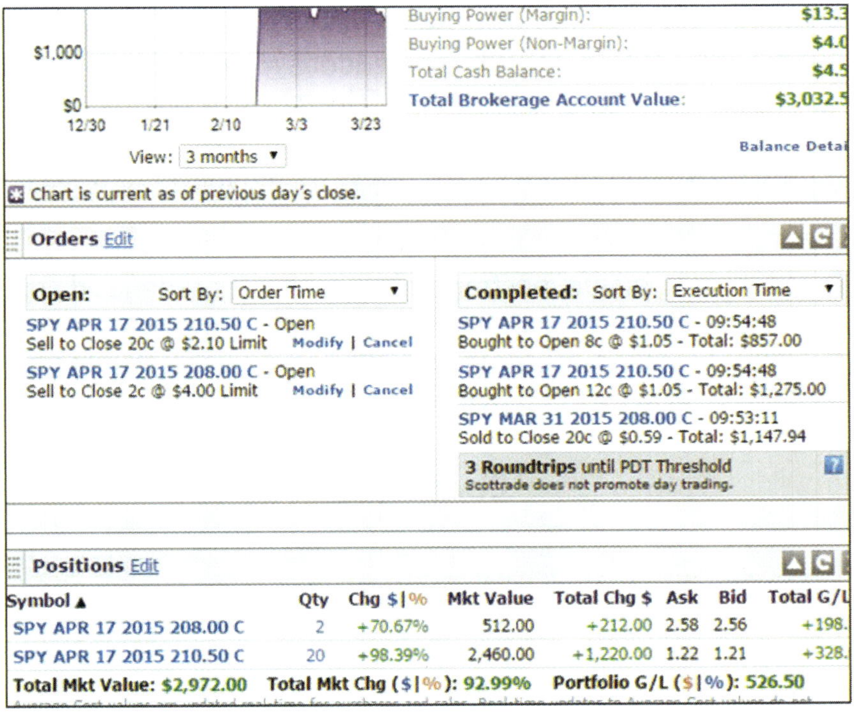

En este cuadro tenemos opciones del SPY. Como vemos, solo en un día tuvo incrementos del 70% y 98%, según podemos ver aquí. El activo es el SPY, la fecha de expiración abril 17, precios Strike en el primer caso $208 y el segundo $210,50 y son opciones CALLS.

Luego vemos "Qty" o cantidad de contratos (2 y 20 respectivamente), la variación del día, el valor total actual, vemos además el BID (precio al cual me las pagarían si yo quisiera venderlas) y el ASK (precio al cual yo tendría que pagar si quisiera comprar más). Recuerde, siempre le van a comprar barato y a vender caro (cuando usted vea diferencias muy grandes entre el BID y el ASK) no recomiendo que utilice dicho instrumento, es por eso que prefiero el SPY.

Por último, vemos las ganancias en la casilla Total G/L que en este caso fue de $526. Tenga en cuenta que eso ocurrió solo en un día. En muchos casos he visto en las opciones rentabilidades del 2,000 o 3,000% en periodos muy cortos. Si desea aprender más sobre este tema, visite nuestra página, www. uoptions. co y verá cómo hacemos dinero en vivo. ¡Espero tener noticias suyas pronto! Asista a nuestros seminarios. Varios de ellos son gratuitos.

Para terminar, quiero mostrarle cómo se ven las cadenas de opciones, es decir, las fechas, strikes disponibles y algunos términos que debes conocer, así como las variaciones que se tienen ante cambios en el activo, el cual en este caso es el SPY.

CUADRO 8

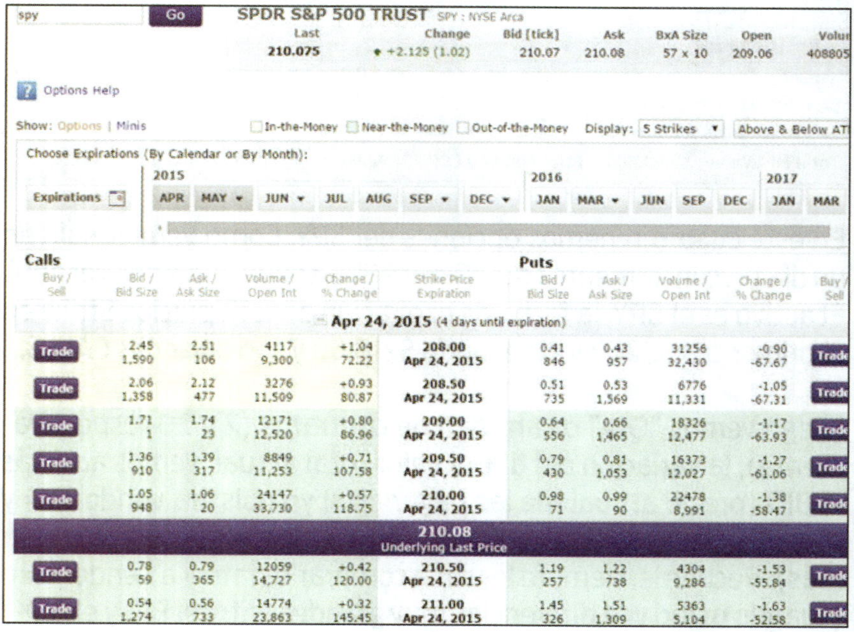

spy Go **SPDR S&P 500 TRUST** SPY : NYSE Arca

Last	Change	Bid [tick]	Ask	BxA Size	Open	Volu
210.075	+2.125 (1.02)	210.07	210.08	57 x 10	209.06	408805

Options Help

Show: Options | Minis In-the-Money Near-the-Money Out-of-the-Money Display: 5 Strikes Above & Below AT

Choose Expirations (By Calendar or By Month):

Expirations — 2015: APR, MAY, JUN, JUL, AUG, SEP, DEC — 2016: JAN, MAR, JUN, SEP, DEC — 2017: JAN, MAR

Calls Buy / Sell	Bid / Bid Size	Ask / Ask Size	Volume / Open Int	Change / % Change	Strike Price Expiration	Puts Bid / Bid Size	Ask / Ask Size	Volume / Open Int	Change / % Change	Buy / Sell
					Apr 24, 2015 (4 days until expiration)					
Trade	2.45 / 1,590	2.51 / 106	4117 / 9,300	+1.04 / 72.22	**208.00 Apr 24, 2015**	0.41 / 846	0.43 / 957	31256 / 32,430	-0.90 / -67.67	Trade
Trade	2.06 / 1,358	2.12 / 477	3276 / 11,509	+0.93 / 80.87	**208.50 Apr 24, 2015**	0.51 / 735	0.53 / 1,569	6776 / 11,331	-1.05 / -67.31	Trade
Trade	1.71 / 1	1.74 / 23	12171 / 12,520	+0.80 / 86.96	**209.00 Apr 24, 2015**	0.64 / 556	0.66 / 1,465	18326 / 12,477	-1.17 / -63.93	Trade
Trade	1.36 / 910	1.39 / 317	8849 / 11,253	+0.71 / 107.58	**209.50 Apr 24, 2015**	0.79 / 430	0.81 / 1,053	16373 / 12,027	-1.27 / -61.06	Trade
Trade	1.05 / 948	1.06 / 20	24147 / 33,730	+0.57 / 118.75	**210.00 Apr 24, 2015**	0.98 / 71	0.99 / 90	22478 / 8,991	-1.38 / -58.47	Trade
					210.08 Underlying Last Price					
Trade	0.78 / 59	0.79 / 365	12059 / 14,727	+0.42 / 120.00	**210.50 Apr 24, 2015**	1.19 / 257	1.22 / 738	4304 / 9,286	-1.53 / -55.84	Trade
Trade	0.54 / 1,274	0.56 / 733	14774 / 23,863	+0.32 / 145.45	**211.00 Apr 24, 2015**	1.45 / 326	1.51 / 1,309	5363 / 5,104	-1.63 / -52.58	Trade

En el **CUADRO 8** podemos observar lo siguiente: el activo que se está mostrando es el SPY (Etf del S&P 500), el cual tuvo una variación del 1,02% correspondiente a $2,12.

Luego vemos tres cuadros: **In the Money, Near at the Money y out of the Money**.

Aclaremos el primero, **In the Money**: si el precio del SPY actual es $210,07 por unidad, todos los precios strike que sean menores a ese se definen como In the Money, porque el SPY ya pasó o superó esos niveles de precio. Es decir, los strikes (208 a 210) están **In the Money**.

Normalmente esos precios son un poco más costosos, pues ya tienen un valor intrínseco. Recuerde que las opciones financieras son un derecho a comprar (caso de los Calls) o a vender (caso de los Puts). Es decir, si yo compro strike 208 cuando el precio spot del SPY es $210 ya hay un valor intrínseco de $2. Si el lector revisa el precio de ese strike se dará cuenta que el ASK está en $2,51 es decir, que esa opción vale $251, de los cuales $200 es valor intrínseco y $51 sería el valor del tiempo que estamos comprando; en este caso una semana.

La línea púrpura me indica el precio actual o spot del SPY o activo de estudio. En este caso es $210,08 y luego vemos los strikes que están por fuera del dinero **"Out of the Money"** ($210,5 y $211).

Para ver los Calls debemos mirar en la parte izquierda del cuadro: vemos que el bid y ask en el strike $211 es (0,54 B - 0,56 A). Es decir, si yo fuera a comprar, me las venden a $0,56 cada una y si yo las tuviese y las fuera a vender me las compran a $0,54.

En la parte de arriba, usted puede ver que hay diferentes fechas: entre más tiempo compre más dinero debe pagar.

Las opciones (options) que tienen más volumen de transacciones, se ven en los periodos de tiempo más cercanos; es decir, vencimientos a una o dos semanas. Y en los strikes Out of the Money preferiblemente 2 o 3 dólares por encima del precio actual o spot.

Es por eso que acostumbro usar esos strikes y periodos de tiempo de una o dos semanas, pues puedo invertir poco dinero y ganar más, logrando rentabilidades hasta de 500% en un día y en muchos casos más que eso. Recuerda visitar nuestra página **www.uoptions.co** donde podrá ver el paso a paso para hacer inversiones de forma exitosa.

CUADRO 9

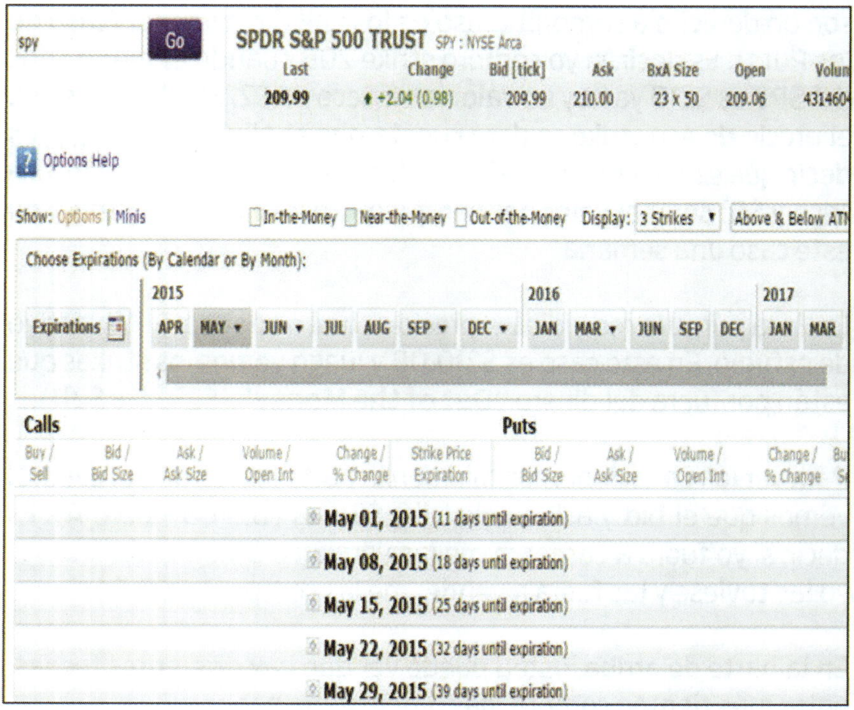

Para terminar, debe recordar siempre, que las opciones tienen una fecha de expiración: todos los viernes se vence la fecha de cada semana.

Por ejemplo, la semana mayo 01 de 2015 expira el viernes de esa semana y así en cada caso. Si compro mayo 8, tengo plazo para vender hasta ese viernes **(May 8)**. Sin embargo, si compro mi opción en mayo 4 y ese día dupliqué mi dinero, no tengo que esperar hasta que expire, sino que puedo venderla ese mismo día pues cumplí mi objetivo de rentabilidad. **La fecha de expiración solo me dice la fecha límite en la cual puedo vender, pero en realidad puedo venderla en cualquier momento antes de esa fecha límite.**

En el **CUADRO 8** podemos ver que los strikes 210-210.5 y 211 tuvieron incrementos mayores al 100% en un día; es decir su valor se duplicó debido a la subida del SPY. La variación puede verla en la parte de CALLS %, en cada uno de los strikes. Como ve, usted está entrando en el negocio correcto, pues estas rentabilidades difícilmente se logran con otro instrumento.

Repasemos algunas reglas básicas a tener en cuenta:

1. **No invierta** sino aquella suma que está dispuesto a arriesgar.
2. **Nunca utilice capital de otras personas** para esta actividad.
3. **Antes de invertir simule por lo menos un mes** (Paper Money).
4. **Recuerde:** La mejor inversión es aprender a invertir.

5. **Nunca entregue su dinero a nadie**, su tarea es aprenderlo a manejar.
6. **Las oportunidades se repiten**, no arriesgue más del 10% de la cuenta en cada trade.
7. **Controle sus riesgos y utilice las gráficas** para tomar decisiones.
8. **Aprenda a comprar, pero también a vender:** no deje que la avaricia le quite las utilidades.
9. **Aprenda a tomar sus utilidades a tiempo:** si no lo hace, el mercado se las quita.
10. **Enfóquese solo en el S&P 500**: esto lo convierte en un exper- to en un solo activo y no pierde tiempo ni se distrae en otras acciones o índices.
11. **En esta actividad como en todos los deportes es muy importante tener un guía o coach**, aprenda con nosotros, tenemos cientos de estudiantes exitosos con nuestras estra- tegias y métodos.

Como un Bono-Regalo para usted, quiero darle 5 estrategias poderosas para comprar CALLS y ganar al alza:

1. En el marco de tiempo **"Diario"** los precios deben tocar un piso fuerte (Nivel de precios visitado 2, 3 veces o más en un periodo de tiempo de 1 o dos años). Luego en el marco de tiempo "Hora" debo dibujar la línea bajista y cuando los precios rompan esa línea me indican una probabilidad importante de futuras subidas en los precios.

2. Para esta estrategia debo encontrarme en una tendencia al alza en **"Hora"**. Adicionalmente debe presentarse una caída y los precios deben estar cerca del PROMEDIO MÓVIL DE 40. Luego trazo la línea bajista siguiendo la caída y cuando rompa dicha línea me indica una entrada para comprar OPCIONES CALL.

3. La tercera estrategia se da cuando los precios rompen el techo de un canal bajista en marco de tiempo "Hora". Lo anterior nos indica futuras subidas de precio.

4. Se da cuando los precios rompen el piso de un canal y vuelven después de horas o días a ingresar a ese nivel. Lo anterior nos da una señal que se van a volver a repetir los ciclos ascendentes anteriores. También se puede definir cómo ingresar nuevamente a un canal superior.

5. En esta estrategia se debe presentar una caída fuerte (5, 6 o más puntos en el SPY). Debo ir trazando la línea en la parte superior y cuando la rompa me estaría confirmando la entrada para CALLS.

El siguiente gráfico describe la **ESTRATEGIA 1:**

GRÁFICO / PARTE A

El siguiente gráfico me indica qué debe pasar en "Hora" para tomar la decisión de compra:

GRÁFICO / PARTE B

ESTRATEGIA 2

ESTRATEGIA 3

ESTRATEGIA 4

Como vemos, primero los precios se salieron de un canal en el cual se habían encontrado por más de un año. Luego, al ingresar o encausarse nuevamente se pudo predecir que iba a subir a niveles cercanos a los del pasado.

ESTRATEGIA 5

Esta estrategia se presenta en repetidas ocasiones, contiene casi todo el escenario ideal para comprar un CALL:

- **Caída fuerte** (Recuerda que las caídas pueden ser oportunidades).
- **Salen los "hammer"** o martillos como señal previa, anticipando una parada en la caída.
- La **ruptura de la línea bajista,** la cual es determinante en todas las estrategias y me da el punto (Hora) exacto para realizar mi compra.

Espero que le haya gustado mi Bono-Regalo. ¡Ahora, tome acción! Inscríbase en nuestros seminarios y comience a ganar dinero en el mercado de valores.

GLOSARIO

ACCIÓN. Título de propiedad de carácter negociable representativo de una parte alícuota del patrimonio de una sociedad o empresa. Otorga a sus titulares derechos que pueden ser ejercidos colectivamente y/o individualmente.

ACCIONES EN CIRCULACIÓN. Número de acciones emitidas por una sociedad, que pueden ser libremente transadas en el mercado.

ACCIÓN DE GOCE. Es la que se entrega a un socio para compensar aportes de servicio.

ACCIÓN INACTIVA. Aquella que no ha registrado cotización oficial en ninguna bolsa de valores del país durante los últimos treinta (30) días calendario.

ACCIÓN ORDINARIA. Acción que tiene la característica de conceder a su titular ciertos derechos de participación en la sociedad emisora entre los cuales está el de percibir dividendos y el voto en la Asamblea.

ACCIONISTA. Persona propietaria de acciones y poseedora del título que las representa, quien además se encuentra debidamente inscrita en el libro de registro de accionistas de la respectiva sociedad emisora.

ACTIVO. Representa los bienes y derechos de la empresa. Dentro del concepto de bienes están el efectivo, los inventarios, los activos fijos, etc. Dentro del concepto de derechos se pueden clasificar las cuentas por cobrar, inversiones en papel del mercado, valorizaciones, etc.

ACTIVO FINANCIERO. Cualquier título de contenido patrimonial, crediticio o representativo de mercancías.

ACTIVOS DE RENTA FIJA. Títulos que permiten conocer la rentabilidad de la inversión antes del momento de la redención, ya que este monto no depende del desempeño de la entidad emisora. Ejemplo: bonos.

ACTIVOS DE RENTA VARIABLE. Títulos valores que por sus características solo permiten conocer la rentabilidad de la inversión en el momento de su redención, dependiendo del desempeño de la entidad emisora, entre otras. Ejemplo: Acciones.

ACTIVOS FIJOS. Activos tangibles o intangibles que se presume son de naturaleza permanente, porque son necesarios para las actividades normales de una compañía y no serán vendidos en el corto plazo, ni por razones comerciales.

ADMINISTRADOR DE LA EMISIÓN. Intermediario financiero que se responsabiliza de los procesos relacionados con la emisión, colocación y redención de las emisiones de títulos valores.

ADR. American Depositary Receipts. Certificados negociables que se cotizan en uno o más mercados accionarios, diferentes del mercado de origen de la emisión y constituyen la propiedad de un número determinado de acciones. Fueron creados por Morgan Bank en 1927 con el fin de incentivar la colocación de títulos extranjeros en Estados Unidos. Cuando la negociación se va a realizar en dicho país se constituyen American Depositary Receips ADR y cuando se pretende su transacción fuera de los Estados Unidos, se establecen programas de Global Depositary Receipts - GDR.

ADUANA. Servicio gubernamental responsable de la valuación y cobranza de los derechos e impuestos por importaciones y exportaciones y de la aplicación de otras leyes y reglamentos que se aplican a la importación, tránsito y exportación de artículos.

AÑO CORRIDO. Término utilizado para referirse al periodo comprendido entre el primero de enero del año en curso y el día actual, o el último día para el que se tienen datos para la variable respecto a la cual se va a realizar el cálculo: un índice, variación, cifra o indicador. Cuando se tiene una periodicidad mensual o trimestral de observación el término año corrido se referirá al periodo comprendido entre enero o el primer trimestre del año en curso según el caso y el mes o trimestre actual. En inglés se conoce como YTD (Year to Date).

APALANCAMIENTO FINANCIERO. Endeudamiento de una empresa con el ánimo de incrementar su capacidad productiva y por ende sus ventas.

AMORTIZACIÓN. Reducciones graduales de la deuda a través de pagos periódicos sobre el capital prestado. Recuperación de los fondos invertidos en el activo de una empresa.

ANÁLISIS FINANCIERO. Es un conjunto de principios, técnicas y procedimientos que se utilizan para transformar la información reflejada en los estados financieros, en información procesada, utilizable para la toma de decisiones económicas, tales como nuevas inversiones, fusiones de empresas, concesión de crédito, etc.

ANÁLISIS FUNDAMENTAL O ESTRUCTURAL. Enfoque de análisis del mercado accionario, en el que se estudian todos los factores relevantes que pueden influir sobre el comportamiento futuro de las utilidades y dividendos de las empresas y, por tanto, del precio de sus acciones. Bajo esta teoría el factor determinante es el "valor de la empresa" y el precio de la acción siempre se ajustará a dicho valor.

ANÁLISIS TÉCNICO. Enfoque de análisis del mercado accionario, en el que se estudian todos los factores relacionados con la historia, el precio y el volumen de la acción, principalmente a través del uso de gráficas con el propósito de predecir futuros cambios en la tendencia de dicho activo.

AUMENTO DE CAPITAL. Incorporación al capital de la empresa de reservas y/o nuevos recursos, efectuado normalmente mediante derechos de suscripción para los accionistas. Requiere de la aprobación de la Asamblea de Accionistas o del Directorio en caso de capital autorizado.

AVAL. Figura mediante la cual una entidad se compromete a responder por determinadas obligaciones adquiridas por otra entidad, en caso que ésta, como principal obligada, las incumpla. Para el caso de las emisiones en el mercado de valores, el aval lo debe otorgar un establecimiento de crédito vigilado por la Superintendencia Bancaria.

BALANCE. Demostrativo contable de la situación económico - financiera de una empresa, en un periodo de tiempo determinado.

BALANZA CAMBIARIA. Instrumento de descripción a corto plazo del sector externo. Se puede definir como el registro de las transacciones de un Banco Central determinado con los activos de reservas internacionales, otros pasivos y activos externos de corto y mediano plazo. Puesto que estos valores constituyen la disponibilidad de liquidez en moneda extranjera del banco central, puede decirse también que la balanza cambiaria es la contabilidad de caja en moneda extranjera de dicha institución.

BALANZA COMERCIAL. Diferencia que hay entre las exportaciones e importaciones de bienes de un país, no incluye el comercio internacional de servicios. Si las exportaciones son mayores que las importaciones, existe un superávit comercial y si las importaciones son mayores que las exportaciones, existe un déficit comercial.

BALANZA DE PAGOS. Cuenta del sector externo del sistema de Cuentas Nacionales, expresada en dólares, donde se registran las transacciones económicas de un país con el exterior. Entre estas se encuentran las de compra y venta de mercancías, los movimientos de capital y las transferencias. Además, sintetiza los cambios en la posición financiera de los residentes de un país frente a los no residentes. La Balanza de Pagos está compuesta por la Cuenta Corriente, la Cuenta de Capitales, el movimiento en las Reservas Internacionales y un renglón donde se anotan los errores y omisiones.

BALANZA DE SERVICIOS. Registro sistemático de la entrada y salida de divisas de un país por concepto de prestación de servicios de los residentes del país a los extranjeros y de estos a los nacionales. La Balanza de Servicios hace parte de la Cuenta Corriente y en ella se incluyen como servicios los ingresos netos procedentes del exterior (embarques, viajes, dividendos e intereses provenientes de inversiones directas o de cartera entre otros).

BANCA COMERCIAL. Conjunto de instituciones financieras privadas que tienen como función principal la recepción de depósitos y el desembolso de préstamos a corto plazo.

BANCA DE FOMENTO. Instituciones financieras encargadas de prestar asesoría técnica en los proyectos y apoyar a sectores específicos de la actividad productiva mediante operaciones crediticias o de inversión, por lo general a tasas de interés menores que las ofrecidas en el mercado.

BANCA DE INVERSIÓN. Actividad desarrollada por un intermediario del mercado financiero que puede incluir el diagnóstico de empresas, la organización de potenciales compradores, la asesoría de inversionistas en la creación de nuevas empresas e inclusive la consecución de recursos para tales operaciones.

BANCA EXTRANJERA. Sucursales de bancos extranjeros que realizan actividades propias de la banca comercial.

BANCO CENTRAL. Es la entidad responsable de la conducción de la política monetaria de un país. En ejercicio de esta función el Banco Central generalmente posee el monopolio de la emisión de moneda legal, por lo tanto, el Banco Central, dependiendo de las condiciones económicas del país (inflación, desempleo, etc.), decide emitir más billetes o, por el contrario, recoger parte de los que se encuentran en circulación. El Banco Central posee dos funciones primordiales, por un lado, debe preservar el valor de la moneda y mantener la estabilidad de precios, y por otro, asegurar el funcionamiento y mantener la estabilidad del sistema de pagos en una economía, ya que el Banco Central es el banco de los bancos. Sus clientes no son personas comunes y corrientes o empresas particulares, sino el Estado y los bancos existentes dentro del territorio de la nación a la cual pertenece.

BANCO COMERCIAL. Institución que se dedica al negocio de recibir dinero en depósito y darlo a su vez en préstamo, sea en forma de mutuo, de descuento de documentos o de cualquier otra forma. Se consideran además todas las operaciones que natural y legalmente constituyen el giro bancario.

BANCO DE SEGUNDO PISO. Instituciones financieras que no tratan directamente con los usuarios de los créditos, sino que hacen las colocaciones de los mismos a través de otras instituciones financieras.

BANCO HIPOTECARIO. Estas instituciones se diferencian de los comerciales porque exigen propiedad raíz como garantía de los créditos que otorgan.

BANDAS DE BOLLINGER. Herramienta que se utiliza para hacer análisis técnico de cualquier activo financiero. Permite obtener niveles de soporte y resistencia dinámicos a corto plazo. Se calculan a partir de una media exponencial sobre los precios (rendimientos), a la que se añaden dos bandas obtenidas de aplicar dos desviaciones estándar al resultado de esa media por encima y por debajo. Reflejan la volatilidad de los precios (o rendimientos) durante un periodo. Cuanto mayor sea la volatilidad que se presente en el mercado, mayor será la desviación estándar y por ende las bandas serán más amplias, y viceversa. Cuando la amplitud de la banda es menor a lo observado históricamente, es señal de que se aproxima un movimiento importante en los precios (o rendimientos).

BASE MONETARIA. Conocida también como dinero de alto poder expansivo. Es el efectivo más las reservas que mantienen los bancos en el Banco Central. Este agregado monetario también se puede interpretar como el conjunto de obligaciones monetarias adquiridas por el Banco Central con el público en general y el sistema financiero.

BEAR MARKET. Muestra una tendencia calmada en el mercado de capitales, generalmente cuando los inversionistas están a la expectativa de alguna información macroeconómica, y por lo tanto denota un mercado a la baja. Véase: Bull Market.

BEIGE BOOK. Es un reporte en el cual cada Banco, miembro de la Reserva Federal de Estados Unidos, brinda información respecto a las condiciones económicas de cada distrito con base en entrevistas a banqueros y empresarios, así como entrevistas con economistas, especialistas de mercado y otras fuentes. Se publica ocho veces al año y su impacto en el mercado es importante debido a la profundidad de su análisis.

BENCHMARK. Punto de referencia estándar contra el cual se realizan comparaciones.

BENEFICIARIO. Persona a la cual se transfiere un activo financiero o a favor de quien se emite un título o un contrato de seguro.

BENEFICIARIO PRIMARIO. Es quien adquiere un nuevo título valor ante la entidad emisora, ya sea a través del mercado de valores o de su delegatario para este efecto.

BID (BANCO INTERAMERICANO DE DESARROLLO). Su objetivo es financiar proyectos de desarrollo y asistencia mutua en las naciones del continente americano, además de promover el crecimiento económico y social de los países miembros.

BID-TO-COVER. En una subasta, hace referencia a la relación entre las ofertas presentadas y el monto ofrecido.

BIEN DURADERO. Bien que no se consume inmediatamente y que dura un largo tiempo prestando sucesivamente y muchas veces, el servicio para el que fue creado.

BIEN NO DURADERO. Aquel que se consume inmediatamente y en corto plazo. Se emplea una o varias veces y su duración depende del uso y del material de que esté fabricado.

BIENES DE CAPITAL. Son aquellos bienes que se utilizan para la producción de otros y no satisfacen las necesidades del consumidor final. Entre estos, se encuentran la maquinaria y equipos.

BIENES DE CONSUMO. Bienes destinados a satisfacer las necesidades del consumidor final doméstico y que están en condición de usarse o consumirse sin ninguna elaboración comercial adicional.

BIENES INTERMEDIOS. Corresponden a bienes de capital y se denominan así, por el hecho de servir a los consumidores de forma indirecta en la satisfacción de sus necesidades, ya que representan etapas intermedias en los procesos productivos. También conocidos como materias primas o insumos.

BIENES NO TRANSABLES. Bienes cuyo consumo solo se puede hacer dentro de la economía en que se producen, no pueden importarse ni exportarse. Esto se debe a que estos productos tienen costos de transporte muy altos o existe en la economía un alto grado de proteccionismo.

BIENES TRANSABLES. Aquellos bienes que se pueden consumir dentro de la economía que los produce y se pueden exportar e importar. Generalmente, tienen bajos costos de transporte, pocos aranceles y cuotas de importación que puedan bloquear el libre flujo de bienes a través de las fronteras nacionales.

BLUE CHIPS. Acciones que presentan magníficos dividendos, gran valoración y excelente nivel de liquidez. Ellas corresponden a las mejores empresas de un país, reconocidas por la calidad de sus productos y estados financieros.

BOLSA DE VALORES. Establecimiento privado autorizado por el Gobierno Nacional donde se reúnen los miembros que conforman la Bolsa con el fin de realizar las operaciones de compra-venta de títulos valores, por cuenta de sus clientes, especialmente. Sitio público donde se realizan las reuniones de la Bolsa o se efectúan las operaciones de la misma. La idea moderna de "sitio", puede asociarse con "lugar virtual" donde se encuentra la oferta y la demanda de valores.

BONOS. Son títulos que representan una parte de un crédito constituido a cargo de una entidad emisora. Su plazo mínimo es de un año, en retorno de su inversión recibirá una tasa de interés que fija el emisor de acuerdo con las condiciones del mercado, al momento de realizar la colocación de los títulos. Por sus características, estos títulos son considerados de renta fija. Además de los bonos ordinarios, existen en el mercado bonos de prenda y bonos de garantía general, específica y bonos convertibles en acciones.

BONO AMORTIZABLE. Es aquel bono que amortiza el principal antes de su vencimiento y los pagos de interés durante su vida.

BONOS BRADY. Títulos de deuda soberana emitidos por ciertos países en desarrollo, a cambio de la reestructuración de su deuda comercial y de otras obligaciones anteriores. Son bonos de emisión pública denominados en dólares, creados para reestructurar la deuda de algunos gobiernos de mercados emergentes declarados en moratoria a principios de los ochenta. Entre los países emisores están Argentina, Brasil, México, Nigeria, entre otros. Colombia no posee este tipo de bonos debido a que jamás incumplió sus pagos.

BONO BULLET. Es aquel bono que amortiza el 100% del valor nominal en su vencimiento.

BONO CALLABLE. Es aquel bono que incluye una opción de Call, la cual le da el derecho al emisor de redimir el bono antes de su fecha de vencimiento de acuerdo a ciertas condiciones.

BONO CERO CUPÓN. Es aquel bono que no tiene pagos de cupón periódicos, pero que en contraprestación se vende a descuento frente a su valor nominal.

BONO GLOBAL. Son bonos híbridos, es decir, están diseñados para ser transados, colocados y cumplidos simultáneamente en el mercado de Eurobonos y el de EE.UU.

BONO PUTTABLE. Es aquel bono que incluye una opción Put, la cual le da al inversionista la posibilidad de vender el bono al emisor a valor par en una fecha determinada.

BONOS CONVERTIBLES EN ACCIONES (BOCAS). Esta clase de títulos confieren las prerrogativas propias de los bonos ordinarios y adicionalmente dan a sus propietarios el derecho o la opción de convertirlos total o parcialmente en acciones de la respectiva sociedad emisora.

BONOS DE GARANTIA GENERAL. Aquellos que son emitidos por las corporaciones financieras.

BONOS DEL TESORO. Expresión generalmente utilizada para referirse a una obligación del Tesoro de los Estados Unidos, negociable y emitida a diferentes plazos. De acuerdo al vencimiento, toman diferentes nombres: Treasury bills, títulos cero cupón con vencimiento inferior a un año, Treasury notes, títulos con cupón y vencimiento entre uno y diez años, Treasury bonds, títulos cero cupón y con vencimiento entre diez y treinta años.

BONOS ORDINARIOS. Son aquellos que confieren a sus tenedores los mismos derechos, de acuerdo con el respectivo contrato de emisión y están garantizados con todos los bienes de la entidad emisora, sean presentes o futuros.

BONOS SAMURAI. Bonos emitidos en Japón por residentes no japoneses en yenes.

BONOS SOBERANOS. Término genérico usado para los bonos emitidos por el gobierno de cualquier país.

BONOS DE PRENDA. Título valor expedido por un almacén general de depósito, que incorpora un crédito prendario sobre las mercaderías amparadas por el certificado de depósito y confiere, por sí mismo, los derechos y los privilegios de la prenda.

BOVESPA. Es la Bolsa de Valores de Brasil, ubicada en la ciudad más grande del país, Sao Paulo, de donde deriva su nombre. Bajo este acrónimo también se nombra al índice representativo de la evolución del precio de las acciones transadas en esta bolsa: Índice Bovespa. Es la mayor bolsa de valores de Latinoamérica. Actualmente es la bolsa para la negociación de acciones y sus derivados que más crece en América y la tercera más grande del mundo. En términos de volumen medio negociado en dólares, Bovespa está unida a todas las bolsas brasileñas, incluída la de Río de Janeiro, donde se intercambian los valores del gobierno.

BRÓKER. Es aquella persona o entidad, que actúa como intermediario entre un comprador y un vendedor en transacciones de valores, cobrando una comisión. El bróker actúa como agente, es decir, no toma ninguna posición propia ni siquiera con duración temporal, si no que se limita a unir dos posiciones(compra-venta) al precio que resulte satisfactorio para las dos partes.

BULL MARKET. Indica una tendencia alcista en el mercado de capitales, donde los inversionistas están optimistas y, por tanto, presionan rápidamente los precios hacia arriba. Véase: Bear Market.

CALIDAD CREDITICIA. Grado de cumplimiento que el emisor tiene respecto de las obligaciones contraídas con la emisión objeto de la calificación.

CALIFICACIÓN DE RIESGO DE CORTO PLAZO. Análisis que tiene como objetivo evaluar en el corto plazo, la capacidad de un establecimiento especializado en una actividad comercial o industrial definida (venta de alimentos, vestuario, vehículos, etc.) para servir adecuadamente sus créditos.

CALIFICACIÓN DE VALORES. Es una opinión profesional que produce una agencia calificadora de riesgos, sobre la capacidad de un emisor para pagar el capital y los intereses de sus obligaciones en forma oportuna. Para llegar a esa opinión, las calificadoras desarrollan estudios, análisis y evaluaciones de los emisores. La calificación de valores es el resultado de la necesidad de dotar a los inversionistas de nuevas herramientas para la toma de decisiones.

CÁMARA DE COMPENSACIÓN Y LIQUIDACIÓN. Las Bolsas de Valores cuentan con una Cámara de Compensación y Liquidación, la cual se encarga de registrar, liquidar y compensar las operaciones de contado o a plazo, efectuadas en las bolsas por los comisionistas. Las funciones de liquidar las operaciones de contado o a plazo, de recibir, entregar los valores y dineros correspondientes a las operaciones realizadas y de adelantar los trámites necesarios para atender el traspaso de los títulos nominativos negociados, son una eficiente herramienta con la cual cuentan las bolsas para el seguro cumplimiento de las operaciones.

CAPITAL. Es la suma de todos los recursos, bienes y valores movilizados para la constitución y puesta en marcha de una empresa. Es su razón económica. Cantidad invertida en una empresa por los propietarios, socios o accionistas.

CAPITAL PAGADO. Es la parte del capital suscrito que los accionistas de la empresa han pagado completamente, por consiguiente ha entrado en las arcas de la empresa.

CAPITAL SOCIAL. Representa el conjunto de dinero, bienes y servicios aportado por los socios y constituye la base patrimonial de una empresa. Este capital puede reducirse o aumentarse mediante nuevos aportes, capitalizaciones de reserva, valorización del patrimonio o conversión de obligaciones en acciones.

CAPITAL SUSCRITO. Es la parte del capital social autorizado por los suscriptores de acciones que se han obligado a pagar en un tiempo determinado.

CAPITALIZACIÓN. Reinversión o re aplicación de los resultados, utilidades o reservas, al patrimonio de la empresa. Ampliación del capital pagado mediante nuevas emisiones de acciones.

CAPITALIZACIÓN BURSÁTIL. Es el valor dado a una empresa en Bolsa. Se calcula multiplicando la cotización por el número de acciones que componen el capital de dicha empresa.

La capitalización de los valores cotizados en la bolsa es la que se obtiene sumando todas las cotizaciones de dichos valores en un momento dado. Este índice se emplea para comparar mercados bursátiles.

CANTIDAD TRANSADA. Número de unidades del respectivo título o papel negociados en un determinado periodo.

CAPM (CAPITAL ASSET PRICING MODEL). Modelo que busca proyectar el precio justo de un activo, teniendo en cuenta el rendimiento esperado para esa inversión en particular y su nivel de riesgo.

CDAT (CERTIFICADO DE DEPÓSITO DE AHORRO A TÉRMINO). Como su nombre lo indica se trata de ahorro a término, con un plazo no menor a cinco días y cuyos intereses pueden pactarse libremente con el cliente. Son nominativos y no se pueden negociar en un mercado secundario. No constituyen títulos valores.

CDOs (COLLATERALIZED DEBT OBLIGATIONS). Es un producto de crédito estructurado. Está compuesto por activos que tienen diferentes calificaciones de riesgo, que pueden ir de títulos AAA hasta acciones. Es un vehículo importante para la inversión de portafolio y diversificación de riesgo.

CDS O CREDIT DEFAULT SWAPS. Contratos derivados de crédito que permiten a su tenedor protegerse del riesgo de impago por parte del emisor.

CDS SPREAD. Cantidad anual que debe pagar el comprador de un CDS al vendedor durante la vigencia del contrato. Se expresa como un porcentaje sobre el valor nominal.

COLOCACIÓN PRIMARIA. Es la oferta de nuevos títulos por parte de una entidad para captar recursos con el fin de desarrollar su objeto social. En este caso, existe una relación directa entre la entidad emisora y el adquiriente o primer beneficiario del valor.

COMISIÓN. Retribución que da un inversionista a un comisionista por ejecutar una orden de compra o venta de los valores negociables en Bolsa, por asesorarlo en la misma o por administrar los valores del cliente, según sea la solicitud del mismo.

COMISIONISTA DE BOLSA. Es la persona legalmente autorizada para realizar transacciones de compra y venta de valores que se realizan en la rueda de la Bolsa. Debe estar inscrito en el Registro Nacional.

COMMODITIES. Bienes primarios que se transan internacionalmente. Por ejemplo: granos, metales, productos energéticos (petróleo, carbón, etc.) y suaves (café, algodón, etc.).

CONSUMO PRIVADO. Lo realizan los entes privados en una economía (incluye el de las empresas) y se conoce también como consumo personal.

CONSUMO PÚBLICO. Gasto que realiza el Estado en bienes y servicios. Un alto nivel de consumo público en relación con el consumo privado indica una alta intervención del Estado en la economía.

CORRELACIÓN. Indica la fuerza y la dirección de una relación lineal entre dos variables aleatorias. Se considera que dos variables cuantitativas están correlacionadas cuando los valores de una de ellas varían sistemáticamente con respecto a los valores homónimos de la otra: si tenemos dos variables (A y B) existe correlación si al aumentar los valores de A lo hacen también los de B y viceversa. La correlación entre dos variables no implica, por sí misma, ninguna relación de causalidad.

CORRETAJE. Acción de intermediación donde un corredor de bolsa o bróker pone en contacto a dos personas naturales o jurídicas para la negociación de un título valor, sin llegar a intervenir en el proceso de negociación.

COTIZACIÓN. Precio registrado en una Bolsa cuando se realiza una negociación de valores.

COVARIANZA. Representa la media del producto de las desviaciones de dos variables en relación a su media. Medida estadística cuyo valor representa una asociación lineal entre dos variables. Si las dos variables siempre están simultáneamente por encima o por debajo de la media, la covarianza es positiva, en caso contrario es negativa. Un valor cercano a cero sugiere poca relación entre los co-movimientos de las variables.

DEMANDA. Conjunto de mercancías y servicios que los consumidores están dispuestos a adquirir en el mercado, en un tiempo determinado y a un precio dado. El análisis de la demanda parte del supuesto de que todos los factores se mantienen constantes, excepto el precio, y que a medida que éste cambia, la cantidad demandada por el consumidor también varía.

DERIVADOS. Son contratos referenciados a un activo o a una variable económica para ser liquidados en una fecha futura, en función de los cuales se manejan los riesgos de un portafolio de inversión. Son valores cuyo precio depende del valor de una o más variables, haciendo posible aislar o concentrar un riesgo existente y transferirlo al mercado.

DERIVADO NON-DELIVERY. Es una operación con derivado constituida por compra-ventas en virtud de las cuales una parte vende a otra unos títulos de renta fija, con el compromiso para esta última de venderle a la primera, en fecha posterior y al precio establecido al inicio de la operación, títulos equivalentes a los originalmente entregados.

DIVIDENDO. En caso de haber utilidades en una empresa, son la parte que corresponde al accionista de la misma. En otras palabras, es el valor pagado a los inversionistas como retribución a su inversión, ya sea en efectivo o en acciones.

EBITDA. La sigla significa en inglés Earnings Before Interest, Taxes, Depreciation and Amortization. Se obtiene a partir del Estado de Resultados y representa el margen o resultado bruto de explotación de la empresa antes de deducir los intereses, las amortizaciones o depreciaciones y el Impuesto sobre la Renta.

EJERCICIO DE LA OPCIÓN. Es el momento en que el comprador o tenedor de una opción de compra call o de venta put hace uso de su derecho de comprar o vender el subyacente. En el evento en que el comprador de la opción decida ejercerla y las partes acuerden su liquidación a través del mecanismo de compensación, éste recibirá del vendedor de la opción la diferencia en dólares entre el índice y el precio strike.

ESTADO DE FLUJO DE CAJA (CASH FLOW). Trata de establecer las entradas y salidas de efectivo que ha tenido o puede tener una compañía en el futuro. Este estado financiero se utiliza para determinar la situación de la liquidez de la empresa, para determinar la viabilidad de proyectos o para medir la rentabilidad o crecimiento futuro de un negocio.

ESTADO DE RESULTADOS. El estado de resultados o de pérdida o ganancias muestra los ingresos y los gastos, así como la utilidad o pérdida resultante de las operaciones de la empresa durante un periodo de tiempo determinado, generalmente un año. Es un estado dinámico, ya que refleja una actividad. Es acumulativo, es decir, resume las operaciones de una compañía desde el primero hasta el último día del periodo.

ESTADOS FINANCIEROS BÁSICOS. Son estados financieros básicos: Balance General, Estado de Resultados, Estado de

Cambios en el Patrimonio, Estado de Cambios en la Situación Financiera y Estado de Flujos de Efectivo.

ESTADOS FINANCIEROS CONSOLIDADOS. Son aquellos que presentan la situación financiera, los resultados de las operaciones, los cambios en el patrimonio y la situación financiera, así como los flujos de efectivo, de un ente matriz y sus subordinadas, un ente dominante y los dominados, como si fuesen los de una sola empresa.

ETF. Son fondos de inversión que cotizan en bolsa, pudiéndose comprar y vender a lo largo de una sesión al precio existente en cada momento sin necesidad de esperar al cierre del mercado. Son conocidos por sus siglas en inglés ETF (Exchange Trade Funds). Su objetivo consiste en replicar un índice bursátil o replicar una canasta de activos financieros.

FLUCTUACIÓN. Alza y baja de los cambios en los valores, divisas, etc., como consecuencia de los efectos de la oferta y la demanda. Acción de variar, modificar, alterar el valor de la moneda cuando se refiere al cambio monetario, fenómeno económico que trae consigo el alza o baja de los precios representativos en los valores contables.

FORWARDS. Contrato privado que representa la obligación de comprar o vender, un determinado activo en una fecha futura determinada, en un precio preestablecido al inicio del periodo de vigencia del contrato.

FORWARD RATE AGREEMENT (FRA): Es un acuerdo futuro de tasa de interés que permite cubrirse frente a movimientos no deseados de los tipos de interés de una moneda. Se trata de convenir un tipo de interés por un periodo de tiempo específico, el cual se cuenta desde una fecha señalada en el acuerdo y para un determinado valor nominal.

FUTUROS. Es aquella transacción efectuada en un mercado secundario formal, donde se negocia un contrato estandarizado de compra o de venta de un activo determinado, acordándose la cantidad del activo, su precio y el vencimiento del contrato, asumiendo las partes la obligación de celebrarlo y el compromiso de pagar o recibir las pérdidas o ganancias producidas por las diferencias de precio del contrato, durante la vigencia del mismo y su liquidación.

GDR (GLOBAL DEPOSIT RECEIPTS). Certificados que pueden circular libremente en los mercados de capitales globales que denotan acciones de compañías extranjeras. Estos certificados están registrados en Luxemburgo. Son el equivalente global (europeo) para los ADR. Estos certificados tienen subyacente la propiedad de unas acciones en algún mercado foráneo. En realidad, no son tan comunes ni su mercado es tan líquido como el de los ADR.

HEDGE FUNDS. Fondo de inversión o de cobertura especializado en las inversiones de tipo especulativo, con el fin de que una persona natural o jurídica se proteja contra alteraciones en los precios de mercancías o acciones.

INDICADOR BETA. Es un indicador del riesgo sistémico o del mercado de la inversión en acciones, que permite establecer qué tan sensible es el comportamiento de la rentabilidad de una acción cuando se presentan movimientos en la rentabilidad del mercado accionario. Si el valor de BETA para una acción es igual a 1, significa que los rendimientos de ésta varían de manera proporcional a los rendimientos del mercado. Es decir que las acciones tienen el mismo rendimiento que el mercado. De otra parte, un BETA mayor que 1 significa que el rendimiento de la acción varía de manera más que proporcional al rendimiento del mercado. Y un BETA menor que 1 significa que la acción varía de manera menos que proporcional al mercado.

INDICE. Es un indicador que tiene por objeto medir las variaciones de un fenómeno económico o de otro orden referido a un valor que se toma como base en un momento dado.

ÍNDICES BURSÁTILES. Un índice bursátil corresponde a un estadístico compuesto, usualmente un número, que trata de reflejar las variaciones de valor o rentabilidades promedio de las acciones que lo componen. Generalmente, las acciones que integran el índice tienen características comunes tales como: pertenecer a una misma bolsa de valores, tener una capitalización bursátil similar o pertenecer a una misma industria. Estas son usualmente usadas como punto de referencia para distintas carteras, tales como los fondos mutuos.

INSTRUMENTOS DE LARGO PLAZO. Los emitidos con amortización total a más de un año.

INSTRUMENTOS DERIVADOS. Son instrumentos financieros, generalmente contratos que estipulan que las partes se comprometen a comprar o vender, en una fecha futura, un bien determinado que puede ser físico (commodities), monedas e instrumentos financieros, a un valor que se fija en el momento de la negociación.

INTERMEDIACIÓN EN EL MERCADO DE VALORES. Se refiere a la realización de operaciones que tengan por finalidad o efecto el acercamiento de demandantes y oferentes para la adquisición o enajenación de valores inscritos en el Registro Nacional de Valores e Intermediarios, sea que éstas operaciones se realicen por cuenta propia o ajena, en el mercado bursátil o en el mercado mostrador, primario o secundario.

M-1 (Oferta Monetaria). Corresponde a los medios de pago u oferta monetaria y en la práctica se asocia con lo que se podría llamar dinero, recoge la función del dinero como medio de pago; es decir, está compuesto por los activos financieros más líquidos de la economía. El M1 incluye el efectivo en poder del público y en el sistema financiero, los depósitos en cuenta corriente, los cuales son transferibles mediante cheques. El subíndice "1" sugiere que pueden existir otras definiciones de dinero.

M-2 (oferta Monetaria ampliada). Incluye los medios de pago (M-1) más los depósitos que devengan intereses, pequeños depósitos a plazo, acuerdos de recompra día a día, es decir, los cuasi dineros.

M-3 Involucra el M2 más los depósitos fiduciarios del sistema financiero, un rubro del pasivo de las entidades financieras denominado otros depósitos a la vista, los repos con el sector real y algunas cuentas por pagar.

MARGEN O SPREAD. Diferencia entre el precio de demanda y el de oferta en la cotización de un instrumento, divisa o título. Adicionalmente, este término se usa para indicar la diferencia en el rendimiento entre dos títulos.

MARKET-MAKERS. Creadores de mercado, están encargados de anunciar permanentemente los precios por los que están dispuestos a comprar o a vender cierta cantidad de títulos.

MERCADO DE FUTUROS. Donde se compran y venden contratos de mercancías o valores, en los que se hace uso de una promesa con alguna fecha futura a precios prefijados en la negociación. Dichos contratos a futuro, que permiten disminuir el riesgo de fluctuaciones de los precios en el corto plazo, pueden ser fijos o estandarizados por unidades de cantidad, requisitos de calidad, fecha de vencimiento u otras características.

MERCADO DE OPCIONES. Donde se negocian derechos de compra o venta de una materia prima o un producto financiero en un plazo determinado y a un precio fijo.

OPCIÓN. En el mercado a plazo, el derecho de comprar (call) o de vender (put), en un tiempo estipulado y a precio fijo, una materia prima o un producto financiero. El derecho que tiene el comprador de la opción se ejerce a su discreción, mientras que para el emisor existe una obligación contingente hasta la expiración de la opción.

OPCIÓN DE COMPRA (CALL). Es una operación con derivado por virtud de la cual la parte que la adquiere, obtiene el derecho de comprar el subyacente en una fecha y a un precio determinados y, a su vez, la parte que la vende queda obligada a vender tal subyacente. En las opciones americanas, el comprador de la opción la puede ejercer en cualquier momento, antes y en la fecha de cumplimiento.

OPCIÓN DE VENTA (PUT). Es una operación con derivado por virtud de la cual la parte que la adquiere, obtiene el derecho de vender el subyacente en una fecha y a un precio determinados y, a su vez, la parte que la vende queda obligada a comprar tal subyacente. En las opciones americanas, el vendedor de la opción la puede ejercer en cualquier momento, antes y en la fecha de cumplimiento.

ROA (RENTABILIDAD DEL ACTIVO). Return on Asset. Razón financiera que muestra la rentabilidad de la empresa generada a partir de sus activos totales. Esta es calculada como Utilidad Neta sobre Activo Total.

ROE (RENTABILIDAD DEL PATRIMONIO). Return on Equity. Razón financiera que muestra la rentabilidad de la empresa generada a partir de su patrimonio. Esta es calculada como Utilidad Neta sobre Patrimonio Total.

ROI (RENTABILIDAD SOBRE LA INVERSIÓN). Return on Investment. Relaciona las utilidades con el rendimiento obtenido en la inversión.

S&P 500 (STANDARD & POOR'S 500). Es uno de los índices bursátiles más importantes de Estados Unidos. Este índice registra el comportamiento promedio de todo el mercado bursátil de Estados Unidos y está compuesto por el precio de las 500 empresas más importantes de ese país.

SEC (Security Exchange Commission). Agencia independiente norteamericana, encargada de vigilar el mercado bursátil. Vela por el respeto a la deontología profesional y al derecho de los accionistas. Equivale a la Comisión de las operaciones de Bolsa (COB) en Francia y a la Superintendencia de Valores en Colombia.

SPLIT. Es el fraccionamiento de las acciones que resulta de una disminución en su valor nominal y es proporcional al mismo. Es la división del número de acciones en circulación de una sociedad, en un número mayor de acciones; de forma tal que cada acción en circulación le da el derecho a su poseedor, de recibir a cambio un número determinado de nuevas acciones. El patrimonio del accionista permanece estable ya que, aunque él posee más acciones, éstas bajan el precio ya que el valor de todas las acciones sumadas permanece igual (al final, el valor total para el inversionista no varía, solo cambian el precio y la cantidad de acciones).

SUBYACENTE. Es el activo, tasa o índice bursátil de referencia, cuyo movimiento de precio determina el costo en una operación con derivado o una operación spot, tales como: tasa de cambio, tasa de interés, divisas, productos básicos, índices bursátiles, títulos, etc.

SWAP. Son contratos privados entre dos entidades para intercambiar flujos de caja en el futuro, de acuerdo a condiciones previamente establecidas. Pueden ser considerados como contratos forward.

T-BONDS. Palabra que en español significa Bonos del Tesoro de Estados Unidos. Es un instrumento de deuda que tiene como vencimiento un máximo de treinta años.

TASA CUPÓN. Tasa de interés periódica que el emisor de un título promete pagar al tenedor hasta el vencimiento del título. Se expresa como un porcentaje anual sobre el valor nominal del título.

TASA INTERNA DE RETORNO (TIR). Herramienta para el análisis de rentabilidad de flujos de fondos, que se define como la tasa de descuento de los flujos en la que el valor presente neto se hace igual a cero. Corresponde a la rentabilidad que obtendría un inversionista de mantener el instrumento financiero hasta su extinción, bajo el supuesto que reinvierte los flujos de ingresos a la misma tasa.

TÍTULOS DE RENTA FIJA. Títulos representativos de una deuda que da a quien los posee, el derecho a recibir un interés fijo por un periodo preestablecido.

TÍTULOS DE RENTA VARIABLE. Son los títulos en los cuales la rentabilidad solo es conocida después de su redención. Su rendimiento depende del desempeño económico de la empresa emisora. En términos generales corresponde a las acciones emitidas por una sociedad anónima.

VALOR DEL TÍTULO. Significa el valor facial del o de los títulos en una operación spot o en una operación con derivado cuyo subyacente sean títulos.

VALOR EN LIBROS. Valor de referencia de una acción, el cual tiene en consideración únicamente el valor de la empresa, entendido como el valor de sus activos menos sus obligaciones sobre el total de acciones en circulación. En este sentido, el valor en libros no tiene en consideración el potencial de valorización de la empresa a futuro, sino únicamente su valor actual.

VALOR INTRÍNSECO. En opciones, para calcular este valor debemos tomar el precio final o spot y restarle el precio strike. (Precio al final del ejercicio - precio strike = valor intrínseco).

VENTAS EN CORTO. Corresponde a la enajenación de un activo sobre el cual el vendedor está en una posición "corta" y se realizan exclusivamente sobre títulos obtenidos previamente en una operación de transferencia temporal de valores. En otras palabras, esto implica para el vendedor en corto la venta de títulos que al momento de la negociación no son de su propiedad, pero que para efectos del cumplimiento de la operación de transferencia temporal de valores, debe adquirir para restituirle al tenedor inicial de los títulos.

VIX. Indicador de aversión al riesgo que señala la volatilidad esperada del índice accionario de Estados Unidos S&P 500 para los 30 días siguientes. Se expresa en porcentaje.

Para mí es un honor que haya leído mi libro.

¡Muchas gracias!

Espero que éste haya contribuido en su proceso, siga aprendiendo y le aseguro que vencerá a cualquier gigante. Espero conocerlo pronto personalmente.

¡Bendiciones!